W0233542

Gartenzwerg
und
Gänseblümchen

Catherine Woram & Martyn Cox

Gartenzwerg
und
Gänseblümchen

Das Gartenbuch für kleine Gärtner

Fotos von
Polly Wreford

CALLWEY

Inhalt

Gärtnern mit Kindern   9

Gärtnern mit Kindern   10
Los geht's   13
Aussaat und Vermehrung   18
Pflanzen auswählen   22
Pflanzenlisten   24

Pflanzen   29

Kräuterkasten   30
Kräuter ernten   32
K(r)esse Eierköpfe   34
Kartoffelkübel   36
Schmetterlingsampel   38
Erdbeertopf   40
Blumenbecher   42
Kandierte Blüten   44
Kakteenwüste   46
Steingarten   50
Sukkulententurm   52
Flaschengarten   54
Gemüsebeet   56
Fliegenfallen   60

Bastelprojekte   63

Bemalte Töpfe   64
Vogelhäuschen   66
Kiefernzapfentiere   70
Blumen pressen   72
Vogelbad mit Kieseln   74
Blumensträußchen und Blütenketten   76
Elfenhaus   78
Tragetasche aus Jute   80
Lavendelsäckchen   84
Bedruckte Schürze   86

Blechdosenwindspiel 88

Samentütchen 92

Kartoffeldruck 94

Vogelfutterkürbis 96

Erdnussherz 98

Kürbiskernkette 100

Kürbislaterne 102

Vogelscheuche 104

Herbstkranz 108

Weihnachtskranz 110

Reisigsterne 112

Spaß im Garten 115

Schatzsuche 116

Gartenspiele 118

Wasserspaß 120

Mini-Monster 122

Service 124

Register 126

Impressum 127

Danksagung 128

Einleitung

Durch meine Familie habe ich die Liebe zu Pflanzen und Gärten entdeckt. Ich erinnere mich, dass ich als Kleinkind mit Würmern gespielt, Sandkuchen gebacken oder Rosenblätter geplückt habe, die mit Wasser in einem alten Marmeladenglas angesetzt zu meinem eigenen Parfüm wurden.

Von meinem Großvater lernte ich vieles über Obst und Gemüse. Er war ein fabelhafter Gärtner, der mit mir Kartoffeln erntete, die ich als Kind für Goldklumpen hielt. Er gab mir Stachelbeeren und schwarze Johannisbeeren zum Essen und ließ mich Erbsen pflücken. Auch heute noch kann ich mich an den aromatischen Duft der Tomaten erinnern, die in seinem kleinem Gewächshaus wuchsen.

Die Freude, die ich als Kind im Garten hatte, ob beim Spielen, Gemüse ernten oder beim Aussäen meiner eigenen Pflanzen, begleitete mich mein Leben lang und so entschied ich mich, mein Hobby zum Beruf zu machen. Natürlich werden nicht alle Kinder das Gärtnern zum Beruf machen, doch kann ein früher Zugang zum Garten den ersten Stein für ein faszinierendes Hobby legen. Zudem ist es weitaus gesünder, Zeit im Garten zu verbringen als vor dem Fernseher oder Computer. Kinder werden die vielen verschiedenen Projekte in diesem Buch lieben. Sie lernen eine Menge über Pflanzen, von schönen Blumen bis zu ausgefallenen Insektenfallen, und ganz nebenbei lernen sie alles, was man zum Gärtnern braucht. Die Freude, die sie bei den farbenfrohen Gartenarbeiten haben, wird sie auch an regnerischen Tagen bei Laune halten, wenn das Wetter keinerlei Gartenarbeit erlaubt.

Sowohl der Anbau von Pflanzen als auch die Bastelprojekte sind schnell und leicht gemacht und machen einfach Spaß. Beim Anbauen von Pflanzen braucht man allerdings ein wenig Geduld (da die Samen ja wachsen müssen), deshalb bringen die meisten Bastelprojekte unmittelbare Ergebnisse, die Ihre Kinder motivieren und ihnen zu einem grünen Daumen verhelfen.

Martyn Cox

Gärtnern mit
Kindern

Gärtnern mit Kindern

Als Erwachsener nutzt man den Garten meist zum Entspannen nach einem anstrengenden Arbeitstag oder am Wochenende. Ein solcher Garten ist in der Regel wenig ansprechend für Kinder. Aber in jedem Garten, sei er noch so klein, steckt das Potenzial zu einem fantastischen Kinderspielplatz.

Sicherheit geht vor

Man kann sich glücklich schätzen, wenn man schon einen Garten besitzt, der kindgerecht ist. Meistens sind jedoch einige kleine Veränderungen nötig, damit der Garten sicherer – und interessanter – wird. Besonders bei sehr kleinen Kindern steht die Sicherheit an erster Stelle. Einen Teich sollte man besser auffüllen, bis die Kinder größer sind oder ihn mit einem Zaun oder einer Gitterabdeckung sichern. Garagen und Gartenhäuschen sind abzuschließen, damit die Kinder nicht mit Maschinen, Gartengeräten oder Pflanzenschutzmitteln und Düngern in Kontakt kommen. Am sichersten ist es, wenn man die kleinen Gärtner immer im Blick hat und weiß, was sie gerade tun.

Spiel und Spannung

Wenn man einen Garten für Kinder plant oder kinderfreundlich gestalten möchte, sollte man Pflanzen verwenden, die für sie besonders interessant sind. Dazu gehören großblättrige Exoten wie Bananenstauden, unter denen man sich verstecken kann, oder zarte Gräser mit weichpelzigen Samenständen. Als Spielgeräte kommen einfache Schaukeln, ein Sandkasten und eine Rutsche zum Einsatz.

Jedem Gärtner das eigene Revier

Geben Sie Ihren Kindern ein eigenes Stück Garten, auf dem sie ihre Blumen und Gemüse anbauen können. Kinder lieben es, Verantwortung zu übernehmen und sich um ihre eigenen Pflanzen zu kümmern. Basteln Sie mit ihnen daher auch Namensschilder, damit sie genau wissen, welche Pflanze zu wem gehört.

Gartenzwerge bei der Arbeit Wenn man Kinder von klein auf ans Gärtnern heranführt, werden sie schnell zu Enthusiasten. Es gibt so viele Dinge im Garten, die sie faszinieren: Samen beim Keimen beobachten, Blumen umtopfen oder Insekten zusehen. Und das Schönste dabei: Sie dürfen sich beim Gärtnern so richtig die Hände schmutzig machen!

Top-Tipps für das Gärtnern mit Kindern

- Geben Sie ihnen ein eigenes Stück Beet, in dem sie ihre Blumen und Gemüse anbauen können. Und zwar ein richtiges, nicht die schattige Ecke, mit der niemand etwas anfangen kann.
- Bringen Sie den Kindern bei, niemals etwas aus dem Garten zu essen, wenn Sie nicht dabei sind.
- Wenn man sehr kleine Kinder hat, sollte man auf einen Gartenteich ganz verzichten. Geräte und Werkzeug dürfen nicht unbeaufsichtigt herumliegen. Damit sie nicht aus dem Garten auf die Straße laufen können, muss der Zaun dicht und das Gartentor geschlossen sein.
- Spielgeräte und Gartenspiele gehören dazu – und sorgen für stundenlangen Spaß beim Austoben.
- Wenn Kinder im Freien spielen, brauchen sie einen Sonnenhut und müssen mit einer Sonnencreme mit hohem Lichtschutzfaktor vor Sonnenbrand geschützt werden. Zwischen 11 und 15 Uhr, wenn die Sonne am intensivsten scheint, sollten sie im Haus spielen.
- Kinder lieben Tiere. Legen Sie daher Biotope und Futterstellen an, die diese in den Garten locken.
- Eine Rasenfläche ist ideal für Ballspiele, zum Toben und Picknicken.
- Um Streit zu vermeiden, sollte jedes Kind sein eigenes Werkzeugset bekommen.

Perfekt ausgestattet:
Kinder möchten gerne ihr eigenes, richtiges Werkzeug haben. Am besten sind natürlich Gartengeräte im Kleinformat, die von richtigem Werkzeug kaum zu unterscheiden sind.
Für Kleinkinder sind Plastikgeräte am sichersten, größere Kinder können schon richtiges Werkzeug aus Metall bekommen. Achten Sie beim Kauf auf Qualität – das zahlt sich aus.

Los geht's

Das erste eigene Gartengeräteset erfüllt Ihre Kinder mit Stolz und weckt die Lust am Gärtnern. Besonders viel Spaß macht es, wenn Sie die Geräte zusammen einkaufen gehen und Ihre Kinder bei der Auswahl miteinbeziehen. Von so gekauften Geräten wollen sie sich nie wieder trennen.

Gärtnern macht nur mit dem richtigen Werkzeug Spaß. Was für Erwachsene gilt, ist für Kinder ebenso wichtig. Zum Glück ist die Auswahl kindgerechter Gartengeräte riesig. Für Kleinkinder eignen sich Plastikschaufeln und Harken mit abgerundeten Kanten am besten. Ältere Kinder können auch schon mit Metallgeräten umgehen. In den meisten Gartencentern finden Sie eine große Auswahl und es ist für jeden Geschmack etwas dabei. Für die meisten Gartenarbeiten braucht man nur eine Grundausstattung (siehe Kasten links). Wenn Ihre Kinder sich für das Gärtnern begeistern und besondere Interessen entdecken, können Sie auch Spezialgeräte anschaffen.

GRUNDAUSSTATTUNG

Die Grundausstattung an Gartengeräten und -werkzeugen für Kinder ist schnell zusammengetragen. Alle Gartenarbeiten können mit dieser Grundausstattung bewältigt werden:

- Handschaufel
- Handgrabegabel
- Spaten
- Grabegabel
- Rechen
- Harke
- Hacke
- Kleine Schubkarre
- Gartenschere
- Gießkanne oder Gartenschlauch
- Schaufel und Besen
- Gartenschnur

Gartenkleidung

Auch wenn Kinder im Garten eher alte Sachen anziehen, bei denen es nicht schlimm ist, wenn sie schmutzig werden, sollten sie doch eine zusätzliche Schutzkleidung tragen. Bunte Schürzen mit Blumenmustern aus festem Stoff oder PVC sind bei Mädchen besonders beliebt – Jungs bevorzugen Motive mit Insekten oder anderem Getier. Bunte Gummistiefel halten die Füße trocken und Handschuhe schützen, wenn mit Erde oder Kompost gearbeitet wird.

Geräteaufbewahrung

Kinder haben ein ausgeprägtes Gefühl für Ordnung und Besitz. Geben Sie ihnen daher einen eigenen Platz zum Aufbewahren ihrer Gartengeräte. Eine bunt bemalte Kiste in der Garage oder Gartenhütte ist ideal, am besten noch mit einem Namensschild versehen. Noch besser ist natürlich eine eigene kleine Gartenhütte nur für die Kinder, in der sie alles aufbewahren können. Bunte Aufhängehaken aus Plastik sorgen für Ordnung, wenn die Geräte nach der Gartenarbeit wieder verstaut werden. Vor dem Aufräumen ist es wichtig, Schmutz und Erdreste von den Gartengeräten zu entfernen.

In die Stiefel, fertig, los! Gummistiefel gehören zur Grundausstattung für Kinder im Garten, besonders wenn sie graben oder durch Pfützen springen. Bunte, leuchtend gefärbte Stiefel mit auffälligen Mustern sind ideal. So kommt sogar bei Regenwetter Farbe in den Garten!

Vorbereitung eines Beets

Es gibt nichts Frustrierenderes für einen sich gerade entwickelnden kleinen Gärtner, als Pflanzen, die nicht richtig wachsen wollen. Deshalb ist es wichtig, den Kindern zu zeigen, wie sie den Boden der Beete vorbereiten, damit Samen sicher keimen und die Pflanzen üppig wachsen.

Ein eigenes Beet im Garten gehört zum guten Ton für jeden kleinen Gärtner. Viele große und berühmte Gärtner haben in ihrer Kindheit mit dem Gärtnern auf wenigen Quadratmetern begonnen.

Ein eigenes Stück Garten, um das sich die Kinder kümmern können (und müssen), stärkt das Selbst- und Verantwortungsbewusstsein ungemein und veranlasst sie, jeden Tag nach den Pflanzen zu schauen, zu gießen und Unkraut zu hacken.

Ein sonniges Beet mit gutem Boden sollte es schon sein und keine unkrautbewachsene schattige Gartenecke – man möchte die aufstrebenden Gärtner ja begeistern und nicht abschrecken. Idealerweise sollte es in der Nähe des Hauses liegen und nicht zu groß sein: Ein Quadratmeter ist perfekt. Die Ränder des Beets markiert man mit Kieseln, Muschelschalen, Ziegeln oder Holzlatten. Ein bunt bemaltes Namensschild gibt Auskunft über den Besitzer.

Wenn das Beet nicht vorher schon regelmäßig bestellt und bearbeitet wurde, muss es im Frühjahr vorbereitet werden. Zuerst entfernt man alle Unkräuter und gräbt die Erde mit einem Spaten um. Anschließend zieht man die Oberfläche mit einem Rechen glatt und tritt den Boden mit den Hacken fest, damit er nicht zu locker ist. Dann recht man ein zweites Mal und entfernt größere Steine und Wurzelreste. Drei Wochen bevor man sät oder pflanzt, verbessert man die Erde mit Kompost oder Dung (Handschuhe tragen!). Die beste Zeit dafür ist der Herbst, wenn man keine Zeit findet ist es aber auch im Frühjahr nicht zu spät.

Wer keinen eigenen Garten besitzt, kann mit seinen Kindern viele Pflanzen in Töpfen und Kübeln auf Balkon oder Terrasse anbauen. Geeignete Gemüse, Kräuter und Blumen finden Sie auf Seite 27.

Perfekt vorbereitet

Ist der Garten groß genug, kann man seinen Kindern ein eigenes Beet zum Gärtnern geben. Sie werden die Verantwortung, den Boden zu bearbeiten, eigene Pflanzen, Blumen und Gemüse zu säen und zu pflanzen, sehr zu schätzen wissen.

Ein gesunder Boden ist der Schlüssel zum Erfolg

Was vielen Erwachsenen eher als lästige Gartenarbeit erscheint, die man so schnell wie möglich hinter sich bringt, ist für Kinder eine spannende Aufgabe und Beschäftigung. Und wenn sie verstanden haben, dass in einem gesunden, gut gepflegten Boden die Pflanzen besser wachsen, werden sie mit Begeisterung viele Stunden mit Bodenbearbeitung, Unkrautjäten und Graben zubringen. Zeigen Sie Ihren Kindern, wie man aus Garten- und Küchenabfällen eigenen Kompost zum Düngen bereitet, wie man Unkraut jätet, wie man die Pflanzen gießt und schneidet. All das zahlt sich für eine üppige Ernte aus und sorgt auch im nächsten Jahr für Enthusiasmus im Garten.

Pflegen

Es braucht nur etwas Pflege und Aufmerksamkeit – und der Garten dankt sie mit üppigem Wachstum. Dies sorgt bei Kindern für wohltuende Erfolgserlebnisse. Vom richtigen Gießen bis zum eigenen Kompost lernen Kinder schnell alle Gartenarbeiten, die nötig sind, um ihr eigenes grünes Gartenreich zu bestellen.

Gießen

Pflanzen brauchen Wasser zum Wachsen. Es gibt aber keine allgemeingültige Regel zum Gießen, da jede Pflanze, Gartensituation, jeder Standort und jeder Boden unterschiedlich sind. Generell gilt, dass man die Pflanzen nicht austrocknen lassen sollte, was besonders für Sämlinge und Pflanzen in Töpfen und Kübeln gilt. Pflanzen in vollem Wachstum und solche mit Blüten und Früchten müssen bei warmem Wetter ein- oder sogar zweimal am Tag gegossen werden. Besonders durstig sind Blumenampeln. Eine Brause auf der Gießkanne verhindert, dass Erde weggespült wird.

Düngen

Gartencenter bieten eine Vielzahl unterschiedlicher Dünger an. Beim Gärtnern mit Kindern ist es am besten, sich an ein einfaches Düngeschema zu halten. Am besten sind Flüssigdünger geeignet, zum Beispiel für Tomaten. Diese gibt man einfach zum Wasser in die Kanne und gießt damit Kräuter, Blumen und Gemüse, damit sie üppig wachsen, blühen und Früchte tragen.

Mulch

Um die Austrocknung des Bodens unter Stauden, Sträuchern und Bäumen zu verringern, kann man eine Mulchschicht aus Rindenhäckseln oder anderem organischem Material ausbringen. Diese Mulchschicht hält die Feuchtigkeit im Boden und unterdrückt keimende Unkräuter. Abgesehen davon sieht die Erdoberfläche so attraktiv und ordentlich aus. Auch die Substratoberfläche von Blumentöpfen kann man mit Muschelschalen, Kieseln, Kiefernzapfen oder Glasmurmeln abdecken, um ein Austrocknen zu verlangsamen.

Kompost

Alle Gartenabfälle, die beim Schneiden oder Rasenmähen, beim Heckenschnitt, Ausputzen und Hacken anfallen, lassen sich hervorragend kompostieren. Zeigen Sie Ihren Kindern, wie man einen Komposthaufen anlegt. In einem kleinen Garten sind Schnellkomposter oder ein Wurmkomposter für Garten- und Küchenabfälle besser geeignet, da sie nicht so viel Platz benötigen.

Pflanzenschutz

Viele für uns Erwachsene lästige und unerwünschte Schädlinge wie Schnecken, Asseln und andere Bodenbewohner sind für Kinder niedlich. Sie geben ihnen Namen und halten sie in einer kleinen Kiste. Da man natürlich nicht möchte, dass die harte Arbeit seiner Kinder keine Früchte trägt, ist eine gewisse Schädlingskontrolle (am besten, wenn die Kinder nicht dabei sind), empfehlenswert. Prinzipiell ist es aber am besten, dem Rat der Biogärtner zu folgen und mit einigen unerwünschten Gästen einfach zu leben.

Aussaat und Vermehrung

Jeder Gärtner hat einmal klein angefangen und viele erinnern sich gerne an das Glücksgefühl, wenn man zum ersten Mal eigene Kressesamen auf Löschpapier zum Keimen gebracht hat. Samen bei der Keimung zu beobachten ist für Kinder also ungeheuer spannend.

Samen ankeimen

Wenn Sie an Ihre eigene Schulzeit zurückdenken, erinnern Sie sich bestimmt an jene Biologiestunden, in denen man gezeigt bekommen hat, wie Samen keimen. Dazu wurde ein Bohnensame in warmem Wasser eingeweicht und in einem Glas zum Keimen angesetzt. Jeden Tag konnte man beobachten, wie der Sämling größer wurde und sich Wurzeln und Blätter entwickelten.

Samen beim Keimen zu beobachten fasziniert jedes Kind, zumal das offenbart, was sich sonst unter der Erde unseren Blicken entzieht. Es ist einfach zu Hause nachzumachen. Man muss nur ein Stück Küchenkrepp in einem Glas zusammenknüllen. Dann legt man eine eingeweichte Bohne zwischen Papier und Glas und füllt etwas Wasser ein. Bohnen sind am besten geeignet, da sie unglaublich schnell keimen und wachsen. Nach wenigen Tagen beginnt der Same anzuschwellen und die Samenhülle bricht auf. Zuerst erscheint die Wurzel und anschließend entfaltet sich der Trieb mit den Keimblättern. Noch mehr Spaß hat man mit essbaren Keimlingen oder Sprossen, die man in speziellen Gefäßen oder einer flachen Schale heranziehen kann. Alfalfa, Kresse, Radieschen, Mungo-Bohnen, Sojasprossen oder Linsen sind ideal. Die Keimlinge erscheinen oft schon nach einem Tag und man kann sie zur Verfeinerung von Salaten oder als Brotauflage verwenden.

Aussäen

Viele Pflanzen lassen sich leicht durch Aussaat vermehren. Dabei spielt es keine Rolle, ob man abgepackte Samen aus dem Gartencenter verwendet oder Samen im Garten selbst sammelt. Kinder dürfen aber nur die Samen von ungiftigen Pflanzen selber sammeln. Alles was man tun muss ist, einen Topf mit Blumenerde zu füllen. Nachdem man sie leicht angedrückt hat, verteilt man die Samen auf der Substratoberfläche.

Bohnensprossen
Vorgequollene Bohnensamen keimen innerhalb weniger Tage. Die kräftige Wurzel sorgt für eine sichere Verankerung und saugt die Feuchtigkeit aus dem Küchenkrepp auf. Anschließend erscheint ein zarter Trieb mit den Keimblättern, denen die ersten richtigen Blätter folgen.

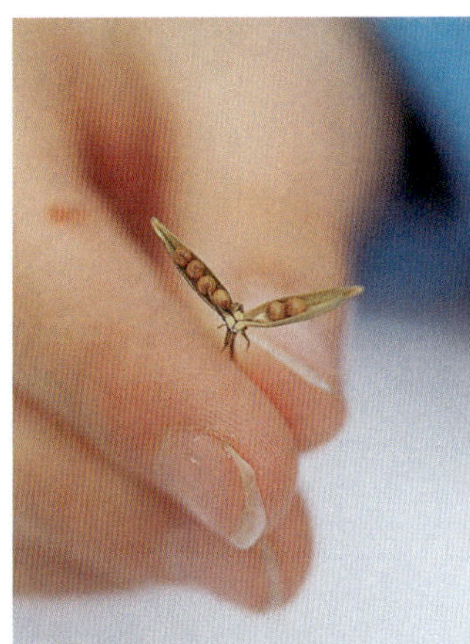

Samen aussäen

Aus der riesigen Samenvielfalt, die im Gartencenter angeboten wird, ist für jedes Kind etwas dabei. Man kann die Samen auch selbst sammeln und in Tüten für das nächste Jahr aufbewahren.

Einfache Stecklinge (oben)

Sukkulenten lassen sich einfach vermehren und es kann fast nichts schiefgehen. Man steckt einfach ein Triebstück in sandige Vermehrungserde und in wenigen Wochen bilden sich Wurzeln.

Pikieren (links)

Wenn die Keimlinge größer sind, setzt man sie vorsichtig in einzelne Töpfchen um, damit sich jedes Pflänzchen optimal entwickeln kann.

Papiertopfpresse (rechts)

Mit einer Papiertopfpresse kann man eigene Anzuchttöpfchen herstellen.

Zum Schluss werden die Samen dünn mit Erde bedeckt (wie tief die Samen liegen sollen, steht auf der Rückseite der Samenpackung). Angießen und an einem hellen Platz aufstellen. Viele Samen keimen schneller, wenn man sie in einem Anzuchtgewächshaus auf der Fensterbank zieht. Eine durchsichtige Plastiktüte, die man über den Topf stülpt und mit einem Gummiband fixiert, erfüllt denselben Zweck. Wenn die Keimlinge einige Tage alt sind, wird sie wieder entfernt. Nach einigen Wochen vereinzelt (pikiert) man die Sämlinge in eigene Töpfchen.

Pflanzen kaufen

Viele Gemüse und Sommerblumen wachsen schnell und lassen sich leicht aus Samen anziehen. Wenn man aber nicht so viel Zeit hat (oder ungeduldige Kinder), kann man auch Jungpflanzen oder ausgewachsene Pflanzen im Gartencenter, einer Gärtnerei oder im Internet kaufen. Viele Samen sind nicht ganz leicht zum Keimen zu bringen oder wachsen sehr langsam. Auch hier kauft man besser vorgezogene Pflanzen. Wählen Sie immer kräftige, kompakt gewachsene Pflanzen, die keine Anzeichen von Krankheiten oder Schädlingsbefall aufweisen. Sind die Wurzeln dicht und mehrmals innen um die Topfwand gewachsen, ist die Pflanze zu lange im Topf kultiviert worden. Solche Pflanzen wachsen später im Garten nur schwer an.

Pflanzung

Das Pflanzloch sollte etwas tiefer und breiter als der Topfballen sein. Wichtig ist, dass die Pflanze im Beet genauso tief sitzt wie im Topf. Man nimmt die Pflanze aus dem Topf, setzt sie ins Pflanzloch und füllt etwas Erde auf. Anschließend leicht andrücken und angießen.

Stecklingsvermehrung

Viele Pflanzen lassen sich leicht durch Stecklinge vermehren. Am einfachsten geht das wohl mit Sukkulenten. Es reicht schon, ein Triebstück in durchlässige Erde zu stecken, und nach wenigen Wochen erscheinen die ersten Wurzeln.

Pflanzen auswählen

Damit sich Kinder für das Gärtnern begeistern, sollten sie ihre eigenen Pflanzen (mit Ihrer Hilfe) selbst aussuchen dürfen. So haben sie das Gefühl, dass es wirklich ihre eigenen Pflanzen sind, um die es sich zu kümmern auch richtig lohnt.

Ein Besuch im Gartencenter ist für Kinder ein ungeheuer spannendes Erlebnis. Uns Erwachsenen bereitet die riesige Auswahl allerdings oft Kopfzerbrechen, wenn man zu Hause feststellen muss, dass die neu erworbenen Pflanzenschätze doch gar nicht so recht in den eigenen Garten passen wollen oder man ihnen nicht die idealen Wachstumsbedingungen bieten kann.

Richtige Pflanzenauswahl

Pflanzen gedeihen nur dann, wenn ihre Standort- und Bodenansprüche im Garten erfüllt werden. Manche Arten bevorzugen volle Sonne, andere fühlen sich im Schatten wohler. Auch der Boden spielt eine Rolle. Ist er sandig, lehmig oder humos? Eher sauer oder alkalisch? Wenn man Pflanzen kultivieren möchte, die nicht im Garten wachsen würden, bleibt immer noch die Möglichkeit, sie in einem Kübel zu pflegen.

Was soll man kaufen ...?

Es macht wenig Sinn, in einem Garten, der von Kindern benutzt wird, empfindliche Pflanzen zu pflegen, die es übel nehmen, angefasst zu werden, oder die bei einem Balltreffer umknicken. Robuste, unempfindliche Pflanzen, die Kinder anfassen oder streicheln können, oder deren Blätter man zerreiben kann, sind ideal. Glatte Bananenblätter, ledrige Bergenien oder samtig weicher Woll-Ziest üben eine große Faszination auf Kinder aus. Für kleine Kinder pflanzt man bunte Blumen, größere können auch essbare anbauen. So haben sie nicht nur etwas zum Naschen, sondern lernen auch, woher das Essen kommt.

... und was nicht?

Es gibt viele Pflanzen, die für Kinder geeignet sind. Es gibt aber auch solche, die man von ihnen besser fernhält. Viele alltägliche Gartenpflanzen sind giftig, haben Stacheln oder Dornen oder sind mit feinen Härchen bedeckt, die auf der Haut jucken können. Lassen Sie Ihre Kinder niemals etwas aus dem Garten zu essen, was Sie nicht vorher inspiziert haben.

Die Qual der Wahl
Die Auswahl interessanter Pflanzen ist in Gartencentern oder Gärtnereien riesig. Damit sich Ihre Kinder auch später um die Pflanzen kümmern, ist es wichtig, dass sie in die Auswahl mit einbezogen werden. Sie werden sich um ihre eigenen Pflanzen viel intensiver kümmern, als um solche, die ihnen einfach vorgesetzt wurden.

Schön, aber giftig
Viele Pflanzen sind zwar
attraktiv und haben bunte Blüten, besitzen aber
giftige Samen, Blüten
oder Blätter. Dazu gehören unter anderem Lupine, Fingerhut und Silberblatt (von oben rechts
nach unten links).

Pflanzenlisten

Bei der Auswahl im Gartencenter fällt es schwer, sich zu entscheiden, was man anpflanzen möchte. Die folgenden Listen erleichtern die Auswahl. Die angegebenen Pflanzen sind für Kinder sicher, pflegeleicht und gedeihen sowohl im Garten als auch im Topf auf Balkon oder Terrasse.

SALAT-GARTEN

- Acker- oder Feldsalat
- Frühlingszwiebeln
- Gurken
- Kirschtomate 'Tumbler'
- Möhren, Karotten
- Pflücksalat
- Radieschen
- Rote Bete 'Bulls Blood' (Blätter)
- Rucola (Rauke)
- Salat 'Little Gem'
- Salat 'Lollo Rosso'
- Salat 'Mizuna'
- Schnittlauch
- Senf
- Senfspinat
- Spinat 'Bordeaux' (rotstielig, kleinblättrig)
- Tatsoi

Lustige Gesichter

Kindern bereitet es ungeheuren Spaß, aus dem Salat, den Früchten und dem Gemüse, das sie für einen bunten Salat angebaut haben, ein Gesicht zu basteln. Eine alte Gemüsekiste oder eine Aussaatschale, gefüllt mit Sand, sind dafür ideal geeignet.

BUNTE GEMÜSE UND FRÜCHTE

- Andenhörnchentomate (Früchte wie Spitzpaprika)
- Aubergine 'Mohican' (weiß)
- Borlottibohne 'Lamon' (rosa und weiß gefleckte Hülsen, marmorierte Bohnen)
- Brechbohne 'Purple King' (kleine, rote Bohnen)
- Datteltomate (kleine, längliche Früchte)
- Erdbeere 'Maxim' (Riesenfrüchte so groß wie eine kleine Hand)
- Gurke 'Crystal Lemon' (runde, gelbe Früchte)
- Himbeere 'Allgold' (goldgelbe Früchte)
- Mangold 'Bright Lights' (Stiele weiß, gelb, orange, rot und gold)
- Möhre 'Purple Haze' (purpurrot)
- Rosenkohl 'Red Delicious' (rote Röschen)
- Rote Bete 'Chioggia' (im Querschnitt rot und weiß gestreift)
- Squash-Kürbis 'Turks Turban'
- Süßmais 'Indian Summer' (weiße, rote, violette und gelbe Körner auf einem Kolben)
- Süßmais 'Red Strawberry' (für Popcorn)
- Tomate 'Tigerella' (gestreift)
- Zucchini 'One Ball' (runde, orange Früchte)

Vogelscheuche

Damit die von Ihren Kindern angebauten Gemüse und Früchte nicht von hungrigen Vögeln gefressen werden, bevor man sie selbst erntet, stellt man eine lustige Vogelscheuche auf.

Auch an Schnüren aufgehängte spiegelnde CDs (am besten die kostenlosen, die Zeitschriften beigelegt sind) sind geeignet.

SCHNELL KEIMENDE BLUMEN UND GEMÜSE

- Einjähriger Mohn (kein Schlafmohn!)
- Goldmohn
- Hohe Wachsblume
- Jungfer-im-Grünen
- Kapuzinerkresse
- Kosmee
- Kresse
- Möhre 'Parmex'
- Pflücksalat
- Radieschen
- Rauke
- Rote Bete 'Pronto'
- Spiegeleiblume
- Spinat
- Sonnenblume

FÜHLEN UND RIECHEN

- Basilikum (aromatische Blätter)
- Bergenie (ledrige Blätter)
- Blaue Mauritius (*Convolvulus cneorum,* weiche, silbrige Blätter)
- Bronze-Fenchel (fedrige, duftende Blätter)
- Buntblättriger Salbei (*Salvia officinalis* 'Icterina', bunte, aromatische Blätter)
- Currykraut (*Helichrysum italicum* subsp. *serotinum,* aromatische Blätter)
- Federgras *(Stipa tenuissima)*
- Hasenpfötchen (*Antennaria,* weiche Blätter)
- Silberblatt-Salbei (*Salvia argentea,* behaarte Blätter)
- Tausendschön (*Bellis perennis,* weiche Blüten)
- Thymian (aromatische Blätter)
- Woll-Ziest (*Stachys byzantina,* wollige Blätter)
- Zittergras (*Briza maxima,* zarte Samenstände)

DSCHUNGELGARTEN

- Aralie *(Fatsia japonica)*
- Artischocke *(Cynara scolymus)*
- Bambus
- Baumfarne (Winterschutz!)
- Blumenrohr *(Canna)*
- Faser-Banane *(Musa basjoo)*
- Federmohn *(Macleaya cordata)*
- Feuerbohne (für Wigwams)
- Funkie (*Hosta* 'Big Daddy')
- Hanfpalme *(Trachycarpus fortunei)*
- Honigstrauch *(Melianthus major)*
- Pfeifenwinde *(Aristolochia macrophylla)*
- Reispapierbaum *(Tetrapanax papyriferum)*
- Sonnenblume *(Helianthus)*
- Wilde Karde *(Dipsacus fullonum)*

Gießen und Wässern

Gärtnern bereitet nur dann Freude, wenn die Pflanzen üppig wachsen und gedeihen. Welke, vertrocknete Blumen sind ein trauriger Anblick. Deshalb ist es wichtig, im Garten bei Trockenheit regelmäßig zu wässern. Lassen Sie Ihre Kinder die Pflanzen nach dem Einsetzen angießen und dann täglich wässern.

PFLANZEN FÜR SCHMETTERLINGE UND ANDERE INSEKTEN

- Artischocken
- Disteln
- Ehrenpreis
- Feuerbohnen
- Fenchel
- Fetthenne
- Flockenblume
- Katzenminze
- Lavendel
- Majoran, Dost
- Margeriten
- Ringelblumen
- Rosmarin
- Schmetterlingsstrauch
- Schnittlauch
- Sonnenblumen
- Sonnenhut
- Thymian

TÖPFE UND KÜBEL

- Begonien
- Buntblatt
- Dachwurz
- Fleißige Lieschen
- Fuchsien
- Geranien
- Heidekraut
- Löwenmäulchen
- Margeriten
- Kapuzinerkresse
- Kosmeen
- Pantoffelblume
- Petunien
- Ringelblumen
- Rotes Federgras (*Pennisetum* 'Purple Majesty')
- Stiefmütterchen
- Studentenblumen
- Veilchen
- Zier-Kohl

Insektenmagneten

Es gibt viele Blumen, deren Blüten nützliche und interessante Insekten anlocken. Ihre Kinder werden sich nicht sattsehen können an den vielen Schmetterlingen, Marienkäfern, Hummeln, Bienen und anderen geflügelten Besuchern. Natürlich gestaltete Gärten locken auch andere Tiere an, wie zum Beispiel Vögel und Igel, die Ihre Kinder bei spannenden Entdeckertouren im Garten beobachten können.

Pflanzen

Kräuterkasten

Kräuter sind ideal, um essbare Pflanzen kennen zu lernen. Sie wachsen schnell, sind pflegeleicht und gedeihen in Blumenkästen auf einer sonnigen Fensterbank oder Terrasse. Wenn man sie regelmäßig erntet, hat man immer einen Vorrat an frischen Kräutern.

- Großer Balkonkasten aus Ton
- Kiesel oder Tonscherben als Dränage
- Balkonblumenerde
- Handschaufel
- Verschiedene Küchenkräuter (Schnittlauch, Rosmarin, Minze, Oregano oder Thymian)

2. Blumenerde einfüllen

Man füllt zuerst eine etwa 1 cm dicke Schicht Blumenerde in den Kasten. Grobe Stücke zerkleinert man mit den Fingern.

1. Abzugslöcher bedecken

Bevor man den Blumenkasten mit Pflanzerde füllt, deckt man die Dränagelöcher am Boden mit Kieselsteinen oder Tonscherben ab. So kann überschüssiges Gießwasser abfließen, ohne dass die Löcher verstopfen. Außerdem wird die Erde beim Gießen nicht ausgeschwemmt.

3. Pflanzen einsetzen

Jetzt nimmt man die Pflanzen aus den Töpfen und setzt sie in den Blumenkasten. Hohe, aufrecht wachsende Kräuter pflanzt man in die Mitte, niedrige oder überhängende an die Seiten. Wenn alles passt, füllt man die Zwischenräume mit Erde auf. Man füllt die Erde bis etwa 2 cm unter dem Rand auf, sodass ein Gießrand bleibt. Zum Schluss andrücken und angießen.

TRICKS UND TIPPS

- Ernten Sie regelmäßig, dann wachsen die Kräuter schnell nach.
- Immer gleichmäßig feucht halten, nicht austrocknen lassen.
- Schnittlauch, Estragon, Petersilie, Minze, Salbei und Thymian fühlen sich in Kästen und Töpfen wohl.

Kräuter ernten

Im Frühsommer und Sommer wachsen Kräuter am schnellsten, und man hat immer einen Vorrat an frischen Trieben und Blättern, die man ernten und trocknen kann. Getrocknete Kräuter bewahrt man am besten in Zellophantüten oder Gläsern auf. Sie sind auch ein schönes Mitbringsel für Freunde.

1. Kräuter ernten

Man wählt frische, gesunde Triebe aus und schneidet sie mit einer scharfen Schere ab. Damit die Pflanze wieder neu austreiben kann, schneidet man immer oberhalb eines Blattpaares. Die frischen Kräuter spült man kurz unter kaltem Wasser ab und trocknet sie auf Küchenkrepp.

2. Trocknen

Auf einem Tablett breitet man die Kräuter auf einem Stück Backpapier aus und stellt es an einem kühlen, luftigen Platz zum Trocknen auf. Schneller geht es im Backofen bei etwa 50 °C.

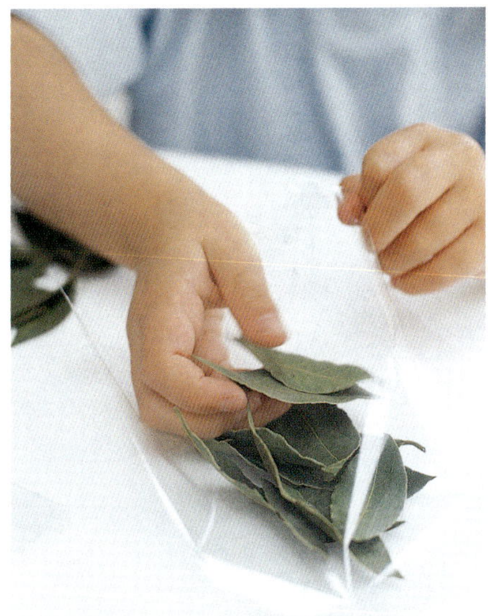

3. Verpacken und Aufbewahren
Vorsichtig steckt man die einzelnen Blättchen in die Zellophantüten und verschließt sie. Mit einem Etikett versehen kann man sie nun im Küchenschrank aufbewahren.

TRICKS UND TIPPS
- Im Freien oder der Vorratskammer brauchen Kräuter einige Wochen, bis sie ganz trocken sind. Sie sind fertig, wenn die Blätter leicht zerbröseln.
- Rosmarin, Thymian, Lorbeer, Majoran, Estragon und Petersilie eignen sich gut zum Trocknen.
- Man kann die Kräuter auch fein hacken und in Eiswürfelbehälter füllen. Etwas Wasser darüber gießen, einfrieren, fertig.

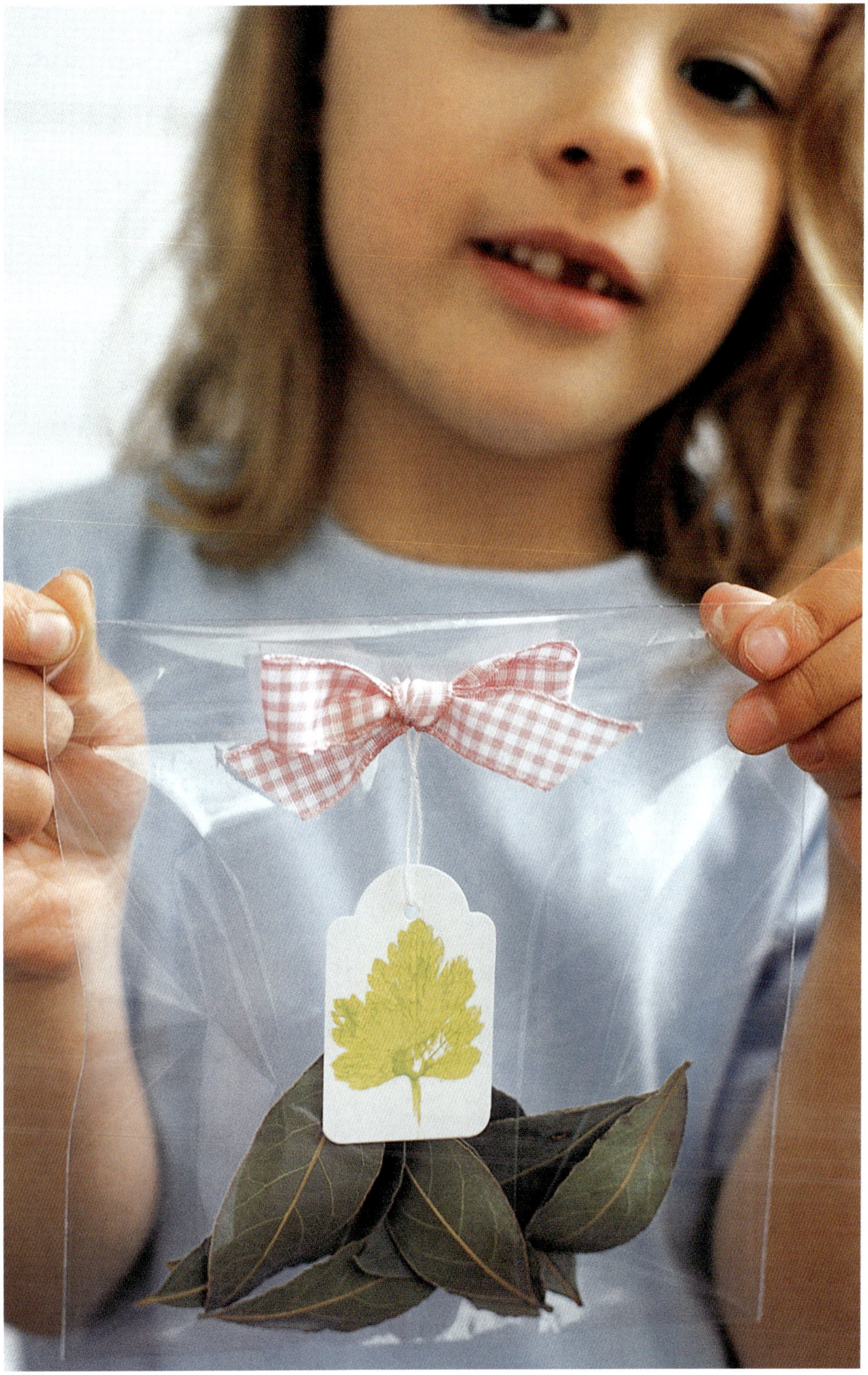

K(r)esse Eierköpfe

Diese niedlichen Eierköpfe sind schnell und kinderleicht gebastelt. Mit rasch wachsenden Kressesamen gefüllt, kann man die »Haare« in wenigen Tagen als leckeren Sandwichbelag verwenden!

1. Eier vorbereiten

Von dem hart gekochten Ei durch leichtes Klopfen mit dem Messer den oberen Teil entfernen. Das Loch sollte groß genug sein, um das Ei mit einem Teelöffel auszuhöhlen.

2. Gesicht zeichnen

Die Schale vorsichtig halten und mit einem Stift ein Gesicht zeichnen. Nicht zu fest drücken, da die Schale leicht bricht.

3. Baumwolle reinstecken

Füllen Sie vorsichtig eine Handvoll Watte in die Eierschale und gießen Sie ein wenig Wasser nach, das von der Watte aufgesaugt wird.

4. Kresse aussäen

Einen großzügigen Teelöffel Samen über die Watte streuen (hier Kresse und violette Radieschen). Wenn Sie wollen, können Sie die zuvor gezeichneten Gesichter mit Farbe verstärken. Nun dürfen Sie sich zurücklehnen und das »Haar« beim Wachsen beobachten. Vergessen Sie nicht, die Samen täglich zu gießen, damit sie nicht austrocknen.

TIPPS UND TRICKS

- Körper und Füße lassen sich aus ausgeschnittenen Eierschachteln und Eisstielen basteln. Einfach die gekürzten Eisstiele unter die Eierschachteln kleben und mit Farbe bemalen.
- Die »Haare« mit einer Schere schneiden, wenn sie ungefähr 5 cm lang sind.
- Probieren Sie auch einmal violette Radieschen, Senf oder Schnittlauch.

Kartoffelkübel

Egal ob man sie püriert, gebraten oder gedünstet mag, eigene Kartoffeln kann man ganz einfach in Kübeln ziehen. Im Frühling in die Erde gesetzt hat man bald viele neue Knollen zum Ernten.

1. Kübel vorbereiten

Die meisten Kübel haben Wasserabzugslöcher. Man kann aber auch einen Eimer verwenden, in den man Löcher in den Boden bohrt.

2. Kartoffeln antreiben

Wenn man im Winter Pflanzkartoffeln kauft, muss man sie vor dem Pflanzen antreiben. Dazu legt man sie einzeln in Eierkartons. Das Ende mit den meisten Augen zeigt dabei nach oben. Die Augen erkennt man an den kleinen Einbuchtungen, in denen die Knospen sitzen. Man stellt die Kartons hell und kühl auf, bis die Triebe etwa 3 cm lang geworden sind. Dies kann bis zu sechs Wochen dauern.

3. Kartoffeln pflanzen

Zuerst füllt man eine etwa 10 cm dicke Schicht Blumenerde in den Eimer. Dann setzt man die vorgetriebenen Kartoffeln darauf (mit den Trieben nach oben) und füllt nochmals etwa 10 cm Erde auf. Gut angießen. Wenn die Triebe etwa 15 cm hoch sind (was ein paar Wochen dauert), füllt man nochmals Erde nach, sodass nur noch die Spitzen hervorschauen. So verfährt man immer wieder, bis die Erde 10 cm unter den Topfrand reicht.

4. Kartoffelernte

Im Spätsommer, wenn die Kartoffeln ge-
blüht haben, ist Erntezeit. Man lockert den
Kompost mit der Hand und zieht die ganze Pflanze aus dem Topf. An den Wurzeln
werden viele neue Kartoffeln hängen.

TRICKS UND TIPPS

- Kartoffeln mögen einen warmen,
  sonnigen Standort.
- Immer gut gießen, nie austrocknen lassen.
- Es ist wichtig, die Triebe fortlau-
  fend mit Erde zu bedecken, sonst
  erntet man nur grüne, ungenieß-
  bare Kartoffeln.
- Es gibt viele verschiedene Kartof-
  felsorten. Jene mit großen Knollen
  brauchen länger, bis man sie ernten kann.

Schmetterlingsampel

Bienen und Schmetterlinge lassen sich einfach im Garten anlocken, indem man eine Blumenampel mit ihren Lieblingsblumen bepflanzt. Man hängt sie an der Hauswand, einer Pergola oder einem Ast in der Sonne auf.

1. Blumenerde einfüllen
Zuerst überprüft man, ob der Korb auch Wasserabzugslöcher hat. Wenn nicht, sticht man einige in die Folie. Dann verteilt man etwas Blumenerde auf dem Topfboden.

2. Pflanzen einsetzen
Der große Schopf-Lavendel kommt in die Mitte. Man setzt die Pflanze so tief, dass die Erdoberfläche des Ballens etwa 2 cm unter der Topfoberkante liegt.

3. Dichte Wurzelballen
Wenn die Wurzeln zu dicht um den Ballen wachsen, muss man sie auflockern, damit sie in die umgebende Erde wachsen können. Dazu zupft man die Wurzeln vorsichtig auseinander, bevor man die Pflanze einsetzt.

4. Der letzte Schliff

Zuerst setzt man eine Fuchsie an den Rand, dann verteilt man die beiden anderen um den Topf. In die Zwischenräume setzt man je eine Blaue Mauritius, einen Duftsteinrich und eine Ringelblume. Man drückt die Ballen gut an und füllt die Zwischenräume mit Blumenerde auf.

5. Angießen

Damit die Pflanzen gut anwachsen, gießt man sie gründlich an. Am besten geht das mit einer Gießkanne mit feiner Brause. So schwemmt die Erde nicht auf.

Erdbeertopf

Frische Erdbeeren gehören zu den leckersten Früchten des Sommers. Damit man viele Erdbeeren ernten kann, stellt man den Erdbeertopf an einem sonnigen Platz auf und hält ihn immer feucht.

1. Blumenerde einfüllen

Tonscherbe über das Wasserabzugsloch legen, damit es nicht verstopft. Dann bis knapp unter den Rand des ersten Pflanzlochs mit Blumenerde füllen und andrücken.

2. Erdbeeren einsetzen

Die Pflanze aus dem Topf nehmen und in das Pflanzloch setzen. Blumenerde um die Pflanze drücken. Die Triebe dürfen nicht bedeckt sein.

3. Bepflanzen

Danach füllt man mehr Blumenerde ein und bepflanzt die übrigen Pflanzlöcher. Bei der obersten Pflanzen füllt man die Erde bis etwa 2 cm unter dem Topfrand auf.

4. Angießen

Nur von oben vorsichtig angießen, da sonst die Erde aus den einzelnen Pflanzlöchern gespült wird.

Blumenbecher

Sommerblumen bringen Farbe in den Garten! Man kann sie im Frühsommer als Jungpflanzen kaufen, die bis in den Spätherbst blühen. Besonders witzig ist es, sie einfach so, wie es einem am besten gefällt, in bunte Töpfe oder Becher zu pflanzen.

1. Blumenerde einfüllen

Zuerst eine Handvoll Blumenerde in jeden Becher füllen. Dass dieser kein Abzugsloch hat, ist nicht so schlimm, da Sommerblumen viel Wasser brauchen.

2. Pflanzen

Dann setzt man ein Pflänzchen so tief in den Topf, dass die Oberfläche des Ballens knapp unterhalb des Topfrands liegt. Gegebenenfalls mit Blumenerde auffüllen.

3. Der letzte Schliff

Lücken füllt man mit Blumenerde auf. Gut andrücken. Vorsicht beim Gießen, wenn der Becher kein Loch am Boden hat. Am besten prüft man mit dem Finger, ob die Erde noch feucht ist, bevor man erneut gießt.

1. Pflanzen kaufen

Im Gartencenter oder einer Gärtnerei ist die
Auswahl an Sommerblumen am größten.
Man hat die Qual der Wahl zwischen Son-
nenblumen, Petunien, Fleißigen Lieschen,
Stiefmütterchen, Veilchen, Dahlien oder
Ringelblumen. Kaufen Sie einfach die, die
Ihnen am besten gefallen.

2. Becher auswählen

Mit etwas Fantasie lassen sich viele Alltags-
gegenstände in Blumentöpfe verwandeln.
Alte Teekannen, Gläser, Pfannen und Töpfe
– die Liste der in Haushalt und Küche
befindlichen Möglichkeiten ist unendlich.
Arrangieren Sie sie zu einem bunt gemisch-
ten Sommerblumensammelsurium.

Kandierte Blüten

Echte Blüten sind eine wunderschöne Dekoration für kleine Törtchen. Und sie schmecken auch noch! Alles was man braucht, um kandierte Blüten selbst herzustellen, ist etwas Eiweiß und Puderzucker.

1. Eiweiß auftragen

Mit einem feinen Pinsel trägt man auf jede Blüte etwas Eiweiß auf. Da das Eiweiß schnell trocknet, bepinselt man nicht mehr als sechs Blüten auf einmal.

2. Überzuckern

Mit einem Teelöffel streut man Puderzucker über die Blüten, aber nicht zu viel auf einmal. Trocknen lassen. Die Blüten werden dadurch hart und zerbrechlich.

3. Dekorieren

Auf jedes Törtchen legt man zwei oder drei Blüten und serviert sie auf einer schönen Kuchenplatte.

Kakteenwüste

Kakteen sind bizarre Pflanzen, deren Blätter sich zu Dornen umgewandelt haben. So sind sie in der Natur vor Fressfeinden geschützt. Viele kommen aus Trockengebieten und es macht Spaß, eine eigene kleine Wüstenlandschaft mit mehreren Kakteen und Sukkulenten in einer Schale nachzubauen. Kakteen sind beinahe nicht umzubringen und können lange Zeit ohne Wasser auskommen. Nur hell genug müssen sie stehen.

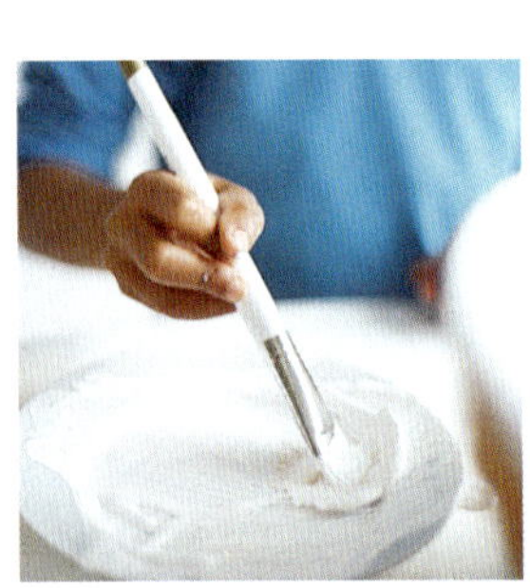

1. Grundierung auftragen
Zuerst trägt man eine weiße Grundierung auf die Tonschale auf. Am besten beginnt man mit der Innenseite. Wenn diese trocken ist, dreht man die Schale um und bemalt die Außenseite.

2. Farbe auftragen
Wenn die Grundierung durchgetrocknet ist, bemalt man die Schale mit seiner Lieblingsfarbe. Auch dabei beginnt man mit der Innenseite und streicht die Außenseite erst, wenn diese trocken ist. Wenn man mag, kann man die Schale auch zweimal streichen.

• Große Tonschale oder Tontopf
• Grundierung
• Verschiedene Farben
• Pinsel
• Tonscherbe
• Kakteenerde
• Handschaufel
• Verschiedene Kakteen und Sukkulenten
• Handschuhe
• Kartonstreifen
• Weißer Zierkies
• Gießkanne

3. Streifen malen

Mit bunten Streifen verleiht man der Schale den letzten Schliff. Wir haben drei Streifen auf die Schale gemalt und uns dabei an den Ringen im Ton orientiert. Gut trocknen lassen.

4. Kakteenerde einfüllen

Über das Abzugsloch am Topfboden legt man eine Tonscherbe, damit es nicht verstopft. Dann füllt man den Topf bis 2 cm unter dem Rand mit spezieller Kakteenerde auf.

5. Kakteen anfassen

Kakteen haben feine oder dicke Dornen –
man darf sie nur mit Handschuhen anfassen. Damit man sie einfacher aus dem
Topf nehmen kann, wickelt man sie in einen Streifen Karton und stößt den Topf
vorsichtig auf dem Boden auf. So löst sich
der Wurzelballen vom Topf und man kann
den Kaktus herausnehmen.

6. Kakteen einsetzen

Mit der Handschaufel drückt
man kleine Pflanzlöcher in die
Blumenerde. Der Wurzelballen
muss so tief sitzen wie er auch
im Topf war. Mit Erde auffüllen
und mit den Fingern vorsichtig
andrücken.

7. Zierkies

Nach dem Angießen bedeckt man die
Erdoberfläche mit Zierkies. Wir haben
weißen Splitt verwendet.

Steingarten

Steingartenpflanzen kommen aus den Gebirgsregionen der Erde. Dort wachsen sie in durchlässigen Spalten zwischen Felsen und Geröll. Man kann eine solche Landschaft in einem alten Waschbecken oder Trog einfach nachbauen.

1. Pflanzenauswahl

Gartencenter und Spezialgärtnereien bieten viele verschiedene Alpine an. Wählen Sie so viele blühende und Blattschmuckpflanzen aus, dass der Trog voll bepflanzt werden kann. Aber nicht zu viele, denn die Pflanzen brauchen ja auch noch Platz zum Wachsen. Dieser Trog wurde mit zehn Pflanzen bestückt. Je nachdem, ob Sie einen größeren oder kleineren bepflanzen, brauchen sie mehr oder weniger Pflanzen.

2. Erde einfüllen

Mit einer Tonscherbe deckt man das Dränageloch ab. So kann Wasser abfließen, die Erde wird aber nicht ausgespült. Dann verteilt man eine Schicht Erde im Trog.

3. Pflanzen arrangieren

Die getopften Pflanzen arrangiert man nun im Trog. Wenn dieser an einer Wand steht, platziert man die größeren nach hinten und die niedrigeren oder kriechenden vorne. Kleine Pflanzen, wie diese gelben Steinbreche, wirken besser in Gruppen.

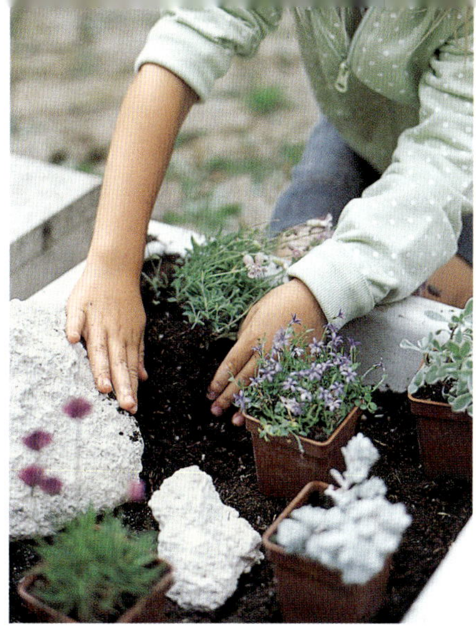

4. Bepflanzen

Das Lochgestein wirkt am natürlichsten, wenn es teilweise eingegraben ist. Man beginnt mit dem Pflanzen in einer Ecke und arbeitet sich so voran. Man gräbt ein Pflanzloch und setzt die Pflanze hinein. Dann füllt man mit Erde auf und drückt den Ballen an. Die Erde wird nur bis etwa 2 cm unter der Trogkante aufgefüllt.

TRICKS UND TIPPS

- Alte Waschbecken sind schwer – stellen Sie das Becken also vor dem Bepflanzen an seinen endgültigen Platz. Am besten gedeihen die Pflanzen an einem sonnigen bis halbschattigen Standort
- Wenn die Pflanzen ineinanderwachsen, sieht das besonders natürlich aus.

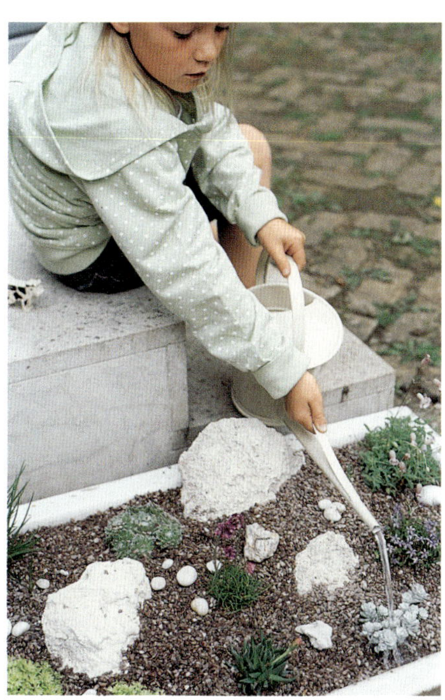

5. Oberfläche bedecken

Nach dem der Trog fertig bepflanzt ist, bedeckt man die Oberfläche mit Splitt oder Kies. Das sieht nicht nur attraktiv aus, sondern verhindert auch Unkrautwuchs und ein schnelles Austrocknen der Erde. Steinchen, die auf und in die Pflanzen gefallen sind, kann man mit einem weichen Pinsel entfernen. Gut angießen.

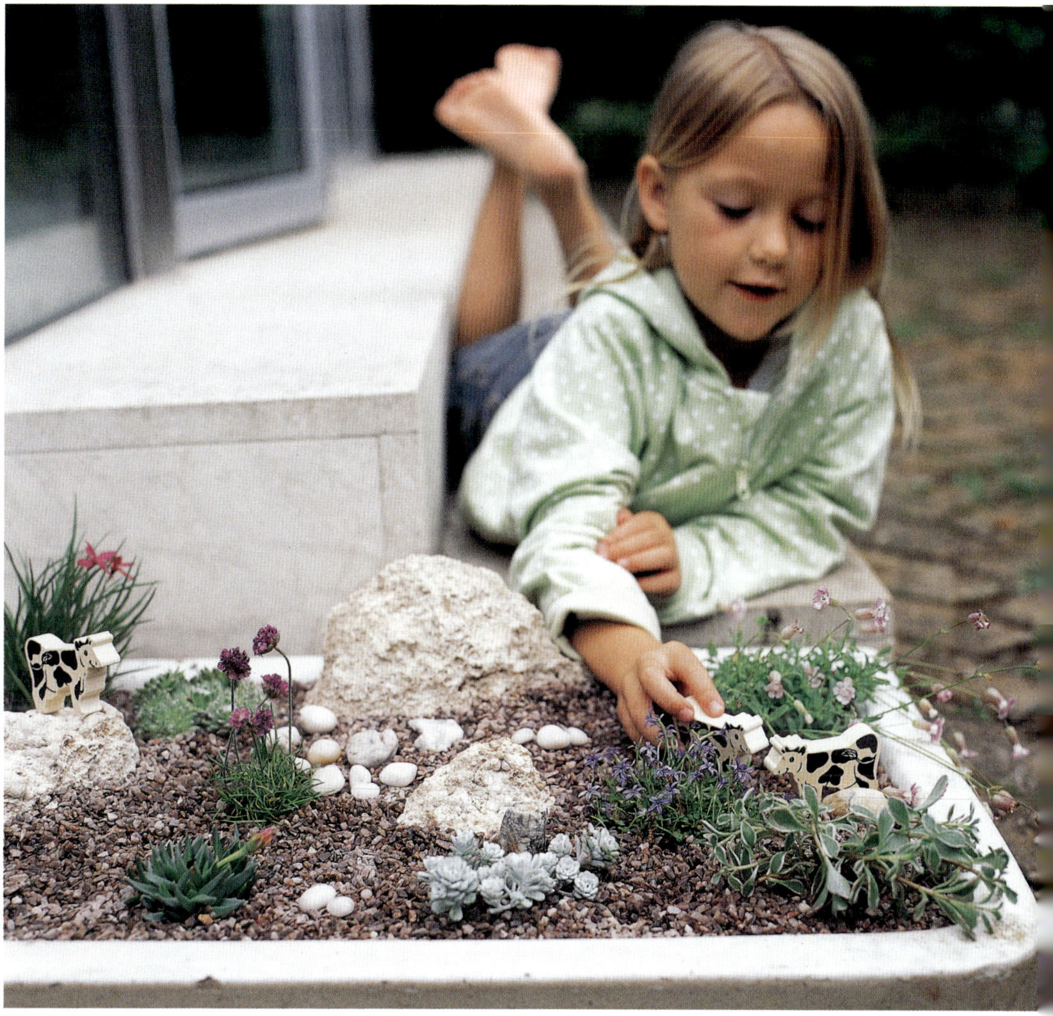

Sukkulententurm

Dachwurze sind die pflegeleichtesten Pflanzen überhaupt. Sie brauchen kaum Wasser, müssen nicht geschnitten werden und sind auch sonst ausgesprochen genügsam. In verschiedenen Etagen in einem Terrakottaturm sorgen sie für einen ungewöhnlichen Hingucker auf der Terrasse.

1. Töpfe stabilisieren

Damit der Turm nicht wackelt, legt man in den größten, untersten Topf einen Ziegelstein. So wird gleichzeitig verhindert, dass Erde beim Gießen ausgespült wird. In die Lücken zwischen Ziegel und Topf füllt man Erde, die man andrückt.

2. Der zweite Topf

Den zweiten Topf stellt man in den ersten und legt Tonscherben über das Wasserabzugsloch. Etwa ein Viertel des Topfes sollte unterhalb der Kante des unteren Topfs liegen. Dann füllt man den oberen Topf bis 2 cm unter der Kante mit Blumenerde.

3. Der kleinste Topf

Der dritte, kleinste Topf wird so in den mittleren gestellt, dass etwa ein Viertel in der Erde steckt. Das Wasserabzugsloch deckt man mit Kieseln oder Tonscherben ab. Nun füllt man den obersten Topf zu einem Drittel mit Erde auf.

4. Bepflanzen

Die Reihen bepflanzt man mit je einer Hauswurz-Sorte. Dazu bohrt man mit den Fingern ein kleines Loch in die Erde und setzt die Pflanze hinein.

TRICKS UND TIPPS

- Große Hauswurzpflanzen kann man teilen, indem man die einzelnen Rosetten trennt. Man zieht die Rosetten dabei einfach auseinander. Wichtig ist nur, dass jedes Teilstück ein kleines Wurzelstück besitzt.
- Hauswurz breitet sich auch über Ausläufer aus, die nach einiger Zeit wie Kaskaden überhängen.

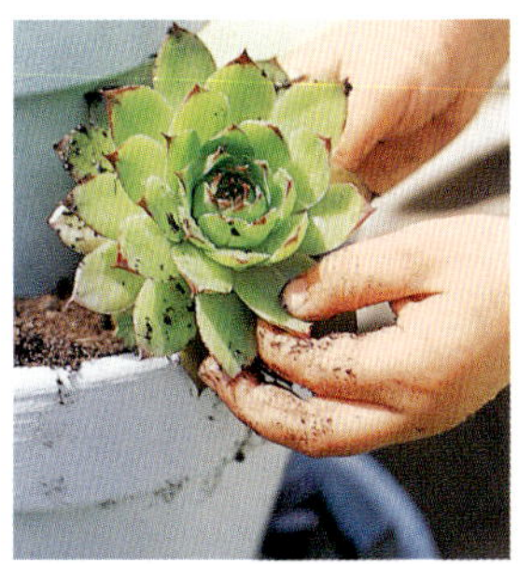

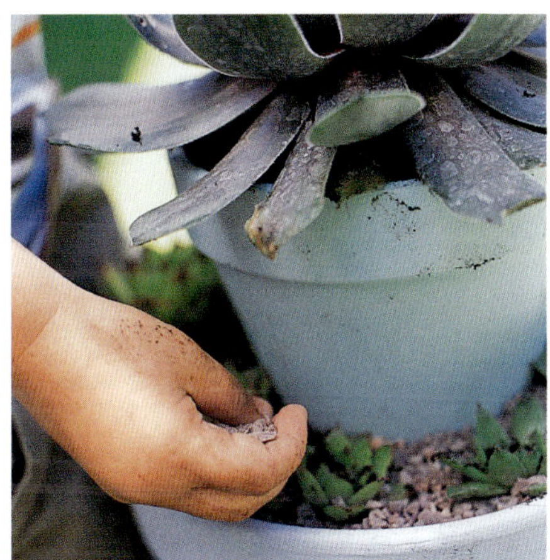

5. Oberfläche mit Kies abstreuen
Zwischen die Pflanzen wird Splitt oder Kies gestreut. Das verhindert Unkrautwuchs und sorgt dafür, dass die untersten Blätter auf der Erde nicht faulen.

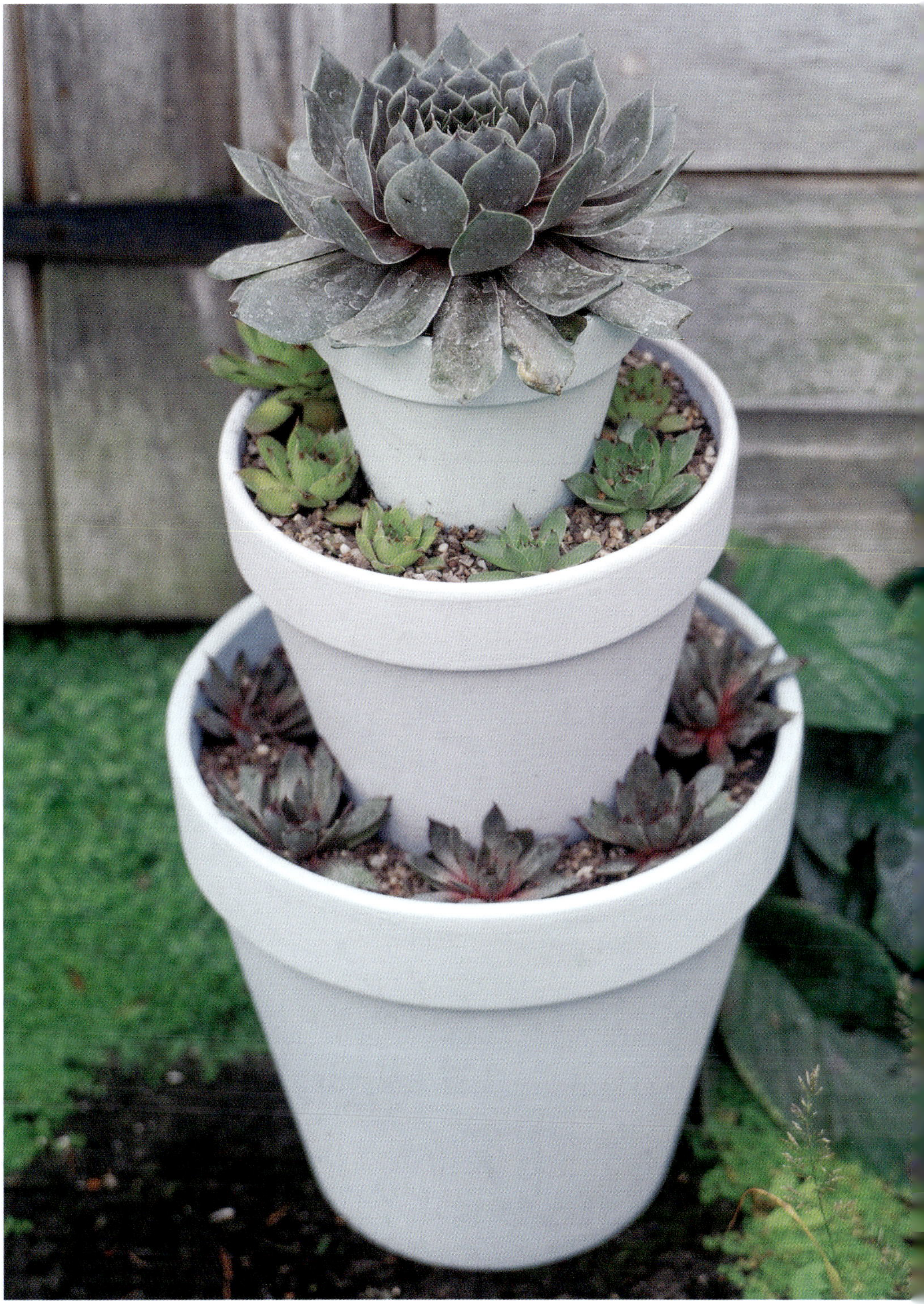

Flaschengarten

Man kann auch ohne großen Garten viele Pflanzen pflegen. Kleine Zimmerpflanzen gedeihen ausgezeichnet in einem großen Glas oder einer Vase. Sie sehen attraktiv aus und brauchen nur wenig Wasser und Pflege. Ein solcher Flaschengarten wirkt besonders hübsch auf der Fensterbank.

1. Blähton einfüllen

Wenn die Innenseite des Glases ganz sauber ist (man möchte die Pflanzen ja auch sehen), füllt man eine 5 cm dicke Dränageschicht aus Blähton in das Gefäß.

2. Holzkohle

Ständig feuchte Blumenerde entwickelt leicht unangenehme Gerüche. Eine Schicht Aktivkohle über dem Blähton hält die Erde frisch.

3. Blumenerde einfüllen

Das Gefäß wird nun zu einem Viertel mit Blumenerde gefüllt. Mit den Fingern drückt man sie an (wenn das Handgelenk durch die Öffnung passt, ansonsten nimmt man einen langen Löffel).

5. Gießen

Man gießt soviel Wasser in das Gefäß, bis die Erde gut feucht ist. Wenn man das Glas offen lässt, muss man regelmäßig gießen. Schließt man den Deckel, reicht die Feuchtigkeit im Glas für die Pflanzen aus.

4. Bepflanzen

Mit dem Löffel gräbt man kleine Löcher, in die man die Pflanzen setzt. Anschließend drückt man die Erde mit dem Löffelrücken an. Zum Schluss füllt man noch etwas Blähton über die Erde.

TRICKS UND TIPPS

- Viele Pflanzen gedeihen in einem Flaschengarten. Besonders gut eignen sich kleine Exemplare der Kletter-Feige, Efeutute, Peperomie, Pilea oder Schönblatt. Kakteen und Sukkulenten sind nicht geeignet.
- Wenn man den Verschluss längere Zeit geschlossen hält, kann es vorkommen, dass die Innenseite des Glases beschlägt. Dann lüftet man einige Minuten.

Gemüsebeet

Eine schöne Möglichkeit, Kinder an das Gärtnern heranzuführen, ist es, ihnen ein eigenes kleines Gartenstück zu geben. Ein Quadratmeter ist völlig ausreichend. Dort können sie Salat und Blumen anpflanzen, an einem Klettergerüst aus Bambusstäben wachsen Bohnen oder Erbsen empor. Wenn man zu Beginn einen Pflanzplan auf Papier zeichnet, kann gar nichts mehr schief gehen.

2. Erde festtreten

Mit Gummistiefeln oder festen Schuhen tritt man nun die Erde an. Dazu läuft man kreuz und quer über den Boden und zerteilt grobe Klumpen mit den Fersen. So erhält man eine ebene Beetoberfläche ohne harte Erdbrocken.

3. Erdklumpen zerkleinern

Die feste Erde wird nun mit einem Rechen geharkt, um Steine und Wurzeln zu entfernen und die Oberfläche zu glätten.

1. Kompost oder Rinderdung

Damit die Pflanzen einen guten Wachstumsstart bekommen, arbeitet man etwas Kompost oder Rinderdung in den Boden ein. Das geht am besten mit einer Grabegabel oder einem kleinen Spaten. Wenn man mit Dung hantiert, muss man dabei immer Handschuhe tragen! Zum Schluss die Oberfläche glatt rechen.

4. Bambusstäbe einstecken

Aus Bambusstäben kann man ein Wigwam bauen, indem man fünf Stäbe gleichmäßig in den Boden steckt. 10 cm tief reicht aus. Wenn die Erde zu hart ist, muss ein Erwachsener dabei helfen.

5. Spitzen zusammenbinden

Die oberen Enden der Bambusstäbe bindet man mit Gartenschnur zusammen. So entsteht ein zeltförmiges Wigwam. Wenn das Wigwam zu groß ist und die Kinder nicht an die Enden gelangen können, muss auch ein Erwachsener helfen.

6. Bohnen pflanzen

Mit der Handschaufel gräbt man an einer
Bambusstange ein Loch und setzt eine
Bohnenjungpflanze hinein. Damit die Boh-
nenpflanze schneller an der Stange empor
wächst, wickelt man sie vorsichtig um den
Stab herum. Wenn nötig, kann man sie mit
etwas Schnur locker befestigen.

7. Angießen

Frisch gepflanzte Jungpflanzen
welken sehr schnell. Deshalb
muss man sie sofort nach dem
Pflanzen angießen. Verwenden
Sie eine Kanne mit schmaler
Tülle und gießen Sie direkt an
die Pflanzenbasis über die
Wurzeln, bis die Erde gut ein-
geschlämmt ist.

8. Tomaten pflanzen

In die Mitte jeder Beetseite
setzt man eine Tomaten-
pflanze. Dazu gräbt man
wenige Zentimeter von der
Beetkante ein Loch und
setzt die Tomate hinein.
Andrücken, angießen – fertig.

10. Lücken füllen

Nun setzt man Mangold, Zucchini, Kapuzinerkresse und Salat in die Lücken zwischen dem Mais und den Stangen des Bohnen-Wigwams. Die Ringelblumen pflanzt man an die Beetränder um das Gemüse herum. Zum Schluss nochmals angießen.

9. Süßmais pflanzen

In jeder Ecke des Beets gräbt man ein Loch und setzt eine Süßmaisjungpflanze hinein. Kontrollieren Sie, dass die Wurzeln ganz mit Erde bedeckt sind.

TRICKS UND TIPPS

- Schnecken können in kürzester Zeit ganze Salatbeete kahl fressen. Kontrollieren Sie regelmäßig die Blattunterseiten von Salat und Mangold. Dort verstecken sich die Plagegeister gerne.
- Auch bunte Salate, Rauke (Rucola), Broccoli, Frühlingszwiebeln, Möhren und Radieschen sind einfach zu kultivieren. Erbsen kann man an kleineren Wigwams emporleiten.
- Die Blüten von Ringelblumen, Kapuzinerkresse, Veilchen und Stiefmütterchen sind essbar und können zur Salatdekoration verwendet werden. Man kann sie auch mit Puderzucker kandieren (siehe Seite 44).

Fliegenfallen

Wenn sich die Fangblätter einer Venusfliegenfalle um eine unvorsichtige Fliege schließen, sind alle Kinder fasziniert. Viele fleischfressende Pflanzen kommen zwar aus tropischen Regionen, fühlen sich aber im Sommer draußen am wohlsten.

1. Trogbemalung

Nachdem die Grundierung getrocknet ist, streicht man den Trog hellgrün an. Anschließend trägt man mit einem kleinen Farbroller ein Tarnmuster auf. Trocknen lassen.

2. Substrat einfüllen

Die Dränagelöcher deckt man mit einer Tonscherbe ab, damit sie nicht verstopfen. Dann füllt man den Trog bis 2 cm unter dem Rand mit der Spezialerde.

3. Pflanzen arrangieren

Die Pflanzen werden nun (mit Topf) auf der Substratoberfläche arrangiert, bis das Ganze natürlich und attraktiv wirkt.

4. Einpflanzen

Beim Einpflanzen achtet man darauf, dass der Ballen auf derselben Höhe liegt wie im Topf. Leicht andrücken.

5. Gießen

Stellen Sie den Pflanztrog auf einen passenden Untersetzer. Jetzt gießt man mit einer Kanne mit schmaler Tülle vorsichtig zwischen den Pflanzen, bis die Erde feucht ist. Wenn das Wasser unten aus dem Trog herausläuft, ist das Substrat feucht genug.

Bastelprojekte

Bemalte Töpfe

Einfache Tontöpfe kann man mit bunter Farbe bemalen und mit leuchtenden Farbklecksen oder Streifen verzieren. Man kann sie drinnen oder draußen verwenden oder als Geschenk Freunden zum Geburtstag überreichen.

1. Material vorbereiten

Tragen Sie die Grundierung auf die Töpfe auf. Gut durchtrocknen lassen. Die Innenseite streicht man bis etwa zur Hälfte, damit man den Ton nicht mehr sieht. Bei Bedarf trägt man eine zweite Farbschicht auf.

2. Grundfarbe aufstreichen

Die Grundfarbe wird nun genauso wie die Grundierung außen und innen auf den Topf gemalt. Nach dem Trocknen kann man bei Bedarf noch eine weitere Schicht auftragen, damit die Farbe intensiver wird.

3. Der letzte Schliff

Mit einem Bleistift zeichnet man die Umrisse der Punkte auf den Topf und malt sie dann mit einem feinen Pinsel bunt aus. Zum Schluss wird der ganze Topf mit einer Schicht Klarlack überzogen.

TRICKS UND TIPPS

• Breite Streifen in kontrastierenden Farben sehen auch toll aus. Nachdem man die Grundfarbe aufgetragen hat, markiert man die Streifen mit einem Bleistift und malt sie anschließend mit der Farbe aus.

• Auch Tonuntersetzer kann man bemalen. Man erhält so ein farblich passendes Pflanz-Set.

Vogelhäuschen

Dieses Vogelhäuschen aus Holz kann mit Eisstielen dekoriert werden. In Pastelltönen gestrichen wird es auf einem Baum oder einer Wand zu einem schönen Blickfang. Hängen Sie das Vogelhaus an einem geschützen Ort mindestens zwei Meter über dem Boden auf.

2. Die Grundfarbe

Wenn die Grundierung vollständig trocken ist, streichen Sie das Vogelhaus grün, das Dach wird dabei ausgelassen. Auch hier nach Bedarf eine weitere Farbschicht auftragen. Zum Schluss vollständig trocknen lassen.

1. Die Grundierung

Tragen Sie die Grundierung mit einem großen Pinsel auf das Vogelhaus auf. Nachdem die Farbe vollständig getrocknet ist, können Sie bei Bedarf eine weitere Schicht auftragen.

4. Stiele für das Dach bemalen

Nun wird die Hälfte der breiten Eisstiele grün und und die andere Hälfte cremefarben gestrichen. Vollständig trocknen lassen und bei Bedarf eine weitere Farbschicht auftragen.

3. Bemalen der Eisstiele

Die dünnen Eisstiele vollständig mit der Grundierung bemalen und trocknen lassen. Wenn die Eisstiele trocken sind, cremefarben überstreichen.

5. Dach bekleben

Mit Holzleim klebt man die Eisstiele auf das Dach des Vogelhäuschens. Dabei wechselt man die Farben ab, damit ein Streifeneffekt entsteht. Gut trocknen lassen.

6. Lattenzaun

Ein Erwachsener schneidet einige Eisstiele in der Mitte durch, damit man diese wie einen Lattenzaun rings um das Häuschen kleben kann.

7. Der letzte Schliff

Die verbliebenen zwei längeren Eisstiele klebt man zum Schluss quer über den Lattenzaun und überzieht das ganze Häuschen dann noch mit einer oder zwei Schichten Klarlack.

Kiefernzapfentiere

Diese niedlichen Spielzeugtiere haben Körper aus Kiefernzapfen, Filzohren und Schwänze aus Pfeifenputzern. Aus unterschiedlich großen Zapfen entstehen die verschiedensten Kreaturen.

- Bleistift und Papier
- Schere
- Bunte Filzreste
- Bastelkleber
- Pfeifenreiniger
- Kiefernzapfen
- Kleine Pompoms

1. Ohren anzeichnen

Auf einem Stück Papier zeichnet man ein Ohr und schneidet es aus. Mit dieser Schablone kann man die Form nun auf den Filz übertragen. Für das zweite Ohr verfährt man genauso.

2. Ausschneiden und ankleben

Vorsichtig werden die Filzohren ausgeschnitten. Dann faltet man sie in der Mitte und fixiert sie mit einem Tropfen Klebstoff.

3. Den Schwanz ringeln

Aus einem etwa 10 cm langen Stück Pfeifenreiniger wird ein Ringelschwanz, wenn man ihn um den Finger wickelt.

4. Schwanz ankleben

Mit einem Tropfen Bastelkleber befestigt man den Schwanz am unteren Ende des Kiefernzapfens. Vorsichtig andrücken und gut durchtrocknen lassen.

5. Ohren und Augen

Am unteren Ende der Ohren wird ein
Tropfen Klebstoff aufgetragen. Dann
steckt man sie zwischen die Schuppen
des Zapfens. Als Augen dienen zwei
kleine weiße Mini-Pompoms, die unterhalb der Ohren angeklebt werden.

Blumen pressen

Die zarten Blüten von Stiefmütterchen oder Gänseblümchen eignen sich ideal zum Pressen. Aus den flachen trockenen Blüten kann man dann wunderschöne Geschenkanhänger basteln.

1. Blüten pressen

Vorsichtig legt man die Blüten auf das Löschpapier der Blütenpresse. Sie dürfen sich nicht überlappen. Dann legt man eine zweite Lage Papier auf die Blüten und verschließt die Presse für drei Wochen.

2. Blüten entnehmen

Nachdem die Blüten nach zwei oder drei Wochen an einem trockenen Platz getrocknet sind, kann man die Blüten entnehmen. Sie sind sehr zerbrechlich. Deshalb legt man sie vorsichtig auf ein Stück Papiertaschentuch.

3. Bastelkleber auftragen

Auf die Rückseite der Blüten werden vorsichtig feine Leimtropfen aufgetragen. Mit einem dünnen Pinsel geht das auch gut.

4. Der letzte Schliff

Nun dreht man die Blüte um und legt sie auf ein Geschenketikett. Mit den Fingerspitzen drückt man die Blüte vorsichtig fest.

Vogelbad mit Kieseln

Dieses Vogelbad kann man aus einem großen Tonuntersetzer und verschiedenfarbigen, glatt geschliffenen Kieselsteinen bauen. Die Fugen werden mit Fliesenfugenmasse gefüllt. Auf einer Mauer oder einem Tisch aufgestellt, lockt es schnell zahlreiche Vögel an.

EINKAUFSLISTE
- Pinsel
- Graue Wandfarbe
- Untersetzer, 35 cm Durchmesser
- Verschiedene polierte Kieselsteine
- Holzspatel
- Wasserdichter Fliesenkleber und Fugenmasse

1. Untersetzer anmalen

Mit einem breiten Pinsel malt man die Außenseite und den Rand des Tonuntersetzers grau an. Bei Bedarf eine zweite Farbschicht auftragen. Zum Schluss gut trocknen lassen.

2. Muster auslegen

Auf dem Boden des Untersetzers kann man nun die Kiesel in einem Muster auslegen. Wir haben uns für eine Blume entschieden, man kann sie aber auch sternförmig, in Ringen oder Streifen legen.

3. Fliesenkleber auftragen

Mit einem Holzspatel trägt man auf der Rückseite jedes Kieselsteins einen Klecks Fliesenkleber auf. Dann drückt man den Kiesel vorsichtig und nicht zu fest an seinen Platz im Mosaik.

4. Kiesel aufkleben

Einen nach dem anderen klebt man die Kiesel auf den Untersetzerboden. Wenn man das Muster vollendet hat, lässt man das Ganze gut durchtrocknen.

5. Fugen füllen

Wenn der Fliesenkleber getrocknet ist, trägt man mit dem Spatel Fugenmasse zwischen die Kiesel auf. Mit einem angefeuchteten Schwamm streicht man die Fugen glatt und versucht, soviel Fugenmasse von der Oberfläche der Kiesel zu entfernen, wie möglich. Wenn die Fugen fast ganz trocken sind, wischt man die Kiesel mit einem feuchten Schwamm sauber. Nachdem die Fugen zwischen den Kieseln komplett durchgetrocknet sind, poliert man sie mit einem trockenen Tuch.

Blumensträußchen und Blütenketten

Blumen pflücken, Sträuße binden und Gänseblümchenketten einfädeln macht vielen Kindern Spaß. Man kann kleine Sträußchen für Puppen basteln oder Armbänder und Halsketten für sich selbst.

1. Blüten sammeln

Pflücken Sie verschiedene kleine Blüten aus dem Garten sowie ein mittelgroßes Blatt, in das die Blüten eingewickelt werden.

2. Sträußchen binden

Arrangieren Sie die Blüten auf dem Blatt. Dann wird das Blatt um die Blütenstiele gewickelt, damit sie nicht aus dem Strauß fallen. Mit einem Stück Raffiabast bindet man den Strauß zusammen.

TRICKS UND TIPPS

• Damit die Sträußchen länger halten, kann man sie auch, kopfüber an einem warmen, luftigen Ort aufgehängt, trocknen. Zwei bis drei Wochen reichen aus.
• Anstelle des Raffiabastes kann man auch bunte Geschenk- oder Seidenbänder in passenden Farben verwenden.
• Bei einer Gartenparty kann man jeden Platz am Tisch mit einem Sträußchen verzieren.

3. Eine Schleife zur Zierde

Zum Schluss wird der Raffiabast zu einer schönen Schleife gebunden, und die Enden werden sauber mit einer Schere abgeschnitten.

1. Gänseblümchen sammeln

Pflücken Sie einen Strauß frischer Gänseblümchen. Dann schneidet man mit einer Schere alle Stiele auf dieselbe Länge.

2. Blüten einfädeln

Mit dem Fingernagel drückt man einen feinen Schlitz in die Mitte der Stiele und fädelt die Blüten ineinander. So kann man beliebig lange Blütenketten basteln.

1. Blüten vorbereiten

Als Basis dient ein Gänseblümchen mit besonders langem Stiel. Dann zieht man den Stiel von den übrigen Blüten ab und fädelt sie durch das Loch in der Mitte auf den Stiel.

2. Gänseblümchenraupe

Für eine lange dicke Gänseblümchenraupe braucht man etwa zehn bis zwölf einzelne Blüten, die man übereinander auf den Stiel fädelt.

Elfenhaus

Dieses bezaubernde Elfenhaus fasziniert Kinder in jedem Alter. Die Möbel sind aus winzigen Zweigen gebaut, das Elfenhaus wird in einer Rindenspalte in einem Baum im Garten verankert.

EINKAUFSLISTE
- Feine Zweige und Rindenstücke
- Schnell trocknender Bastelkleber
- Schere
- Filz
- 2 kleine Pompoms
- Pfeifenreiniger
- Schnur für die Leiter

1. Elfenstühle

Schneiden Sie zehn 1,5 cm lange und zwei 3 cm lange Zweige für die Lehne zurecht. Kleben Sie vier kurze Stücke nebeneinander und ein fünftes quer. Die beiden langen Stücke ergeben zusammen mit einem kurzen die Lehne. Ein kurzes Stück in der Mitte des Querzweigs dient als Verstärkung.

2. Verleimen

Geben Sie einen Klecks Bastelkleber in die Mitte der Lehne und drücken Sie diese vorsichtig an die Sitzfläche. Bis der Leim trocken ist, festhalten oder auf die Seite legen.

3. Elfentisch

Aus einem ovalen Rindenstück wird mit vier 2,5 cm langen Tischbeinen aus Reisig ein Tisch. Dazu trägt man auf jedes Bein einen Tropfen Klebstoff auf und drückt sie im Abstand von etwa 2 cm auf die Rindenunterseite. Gut trocknen lassen.

4. Elfen aus Filz

Schneiden Sie einen Viertelkreis (Radius 4 cm) aus Filz aus und rollen Sie ihn zu einem Kegel. An der Überlappung (ca. 2 mm) mit Klebstoff fixieren. Als Kopf wird ein Pompom auf die Spitze des Kegels geklebt.

5. Arme

Die Arme werden aus einem 6 cm langen Stück Pfeifenreiniger gebastelt, das man in der Mitte einmal um den Kopf wickelt.

7. Leiter zusammenbinden

Nun klebt man den zweiten und die übrigen Zweige im Abstand von etwa 2 cm an die Schnur, genau wie in Schritt 6 beschrieben. Zum Schluss klebt man das zweite Stück Schnur an die freien Zweigenden, um die Leiter zu komplettieren. Überstehende Schnurenden schneidet man sauber mit einer Schere ab.

6. Sprossenleiter

Für die Leiter braucht man sechs 4 cm lange Zweigstücke und zwei 20 cm lange Stücke Gartenschnur. Tragen Sie etwas Klebstoff an das Ende eines Zweigs und wickeln sie die Schnur einmal um den Zweig herum. Bis der Klebstoff trocken ist, mit den Fingern festhalten.

TRICKS UND TIPPS

- Aus längeren und dickeren Zweigen bastelt man eine Plattform, auf der die Elfen mit ihrem Tisch und den Stühlen Platz finden.
- Nusschalen oder halbierte Eicheln dienen als Schüsseln.
- Wenn die Figuren im Freien bleiben sollen, kann man sie mit Klarlack besprühen, damit sie sich nicht im Laufe der Zeit auflösen.

Tragetasche aus Jute

Aus naturfarbener Jute kann man eine praktische und hübsche Tragetasche basteln, in der man Gartengeräte, Samen, Pflanzenetiketten oder
andere Dinge aufbewahren kann. Mit dem einfachen, aber attraktiven
Muster aus Karotten und Erbsen ist sie auch ein schönes Geschenk.

1. Stoff zuschneiden

Schneiden Sie ein Stück Jute in
den Maßen 55 x 18 cm für die
Tasche zurecht. Die vier aufgenähten Taschen sind 10 x 10 cm
groß. Für den Boden benötigt
man ein ovales Stück Jute
(21 x 14 cm) und für die Henkel
zwei Streifen von 24 x 8 cm.
Das große Stück und die Taschen schneidet man aus der
Seite des Stoffs mit der Webkante, damit die Säume nicht
ausfransen.

2. Taschen verzieren

An den drei offenen Kanten der Taschen
zieht man die Fäden heraus, sodass etwa
1 cm breite Fransen entstehen. Mit einem
Pinsel malt man ein Muster auf die Tasche.
Fixieren Sie die Stofffarbe nach den Her-
stellerangaben auf der Packung.

3. Taschen aufnähen

Nun werden die Taschen auf
dem großen Stoffstück in
gleichmäßigen Abständen mit
Stecknadeln fixiert. Am Rand
je 1 cm für den Saum frei lassen. Die Taschen können nun
mit Heftstichen und grünem
Nähgarn auf den Stoff genäht
werden. Das obere Ende mit
der Webkante lässt man offen.

4. Ränder umsäumen

Das große Stoffstück wird nun nach innen gefaltet, und die Enden werden zusammengenäht. Der Saum sollte etwa 1 cm von der Kante liegen. Damit die Kanten nicht ausfransen, steppt man sie mit braunem Garn in Heftstichen ab.

5. Boden annähen

Bügeln Sie das Vlies auf das ovale Jutestück. Damit sich die Kinder nicht am Bügeleisen verbrennen, sollte dies nur ein Erwachsener tun. Dann näht man den Taschenboden an die Seiten und umsäumt die Kanten, da sie sonst ausfransen.

6. Oberkante umsäumen

Schlagen Sie die Stoffoberkante 3 cm nach innen (mit dem Bügeleisen fixieren) und steppen Sie den Saum mit hellgrünem Nähgarn ab, damit er sich nicht auflöst.

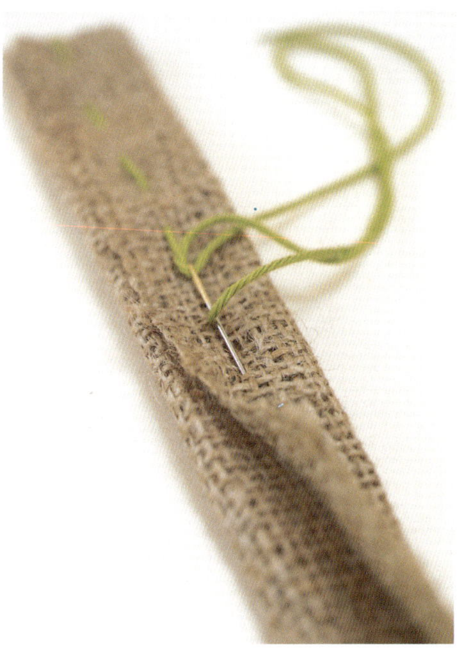

7. Haltegriffe

Legen Sie die Jutestreifen für die Griffe flach aus und schlagen Sie die Enden etwa 1 cm ein. Bügeln. Dann werden die Längskanten 2 cm nach innen gefaltet, die Seite mit der Webkante nach oben. Mit Heftstichen fixieren.

TRICKS UND TIPPS

- Als Verzierung können Sie verschieden Gartenmotive wie Blätter oder Blüten, Tiere oder die Namen Ihrer Kinder auf die Taschen malen.
- Für kleinere Kinder kann man eine kleinere Tasche aus weichem Filz nähen. Wenn man die Kanten mit einer Zickzackschere zuschneidet, fransen sie nicht aus. Mit aufgenähten Blättern und Blumen aus Filz bekommt die Tasche eine individuelle Note.

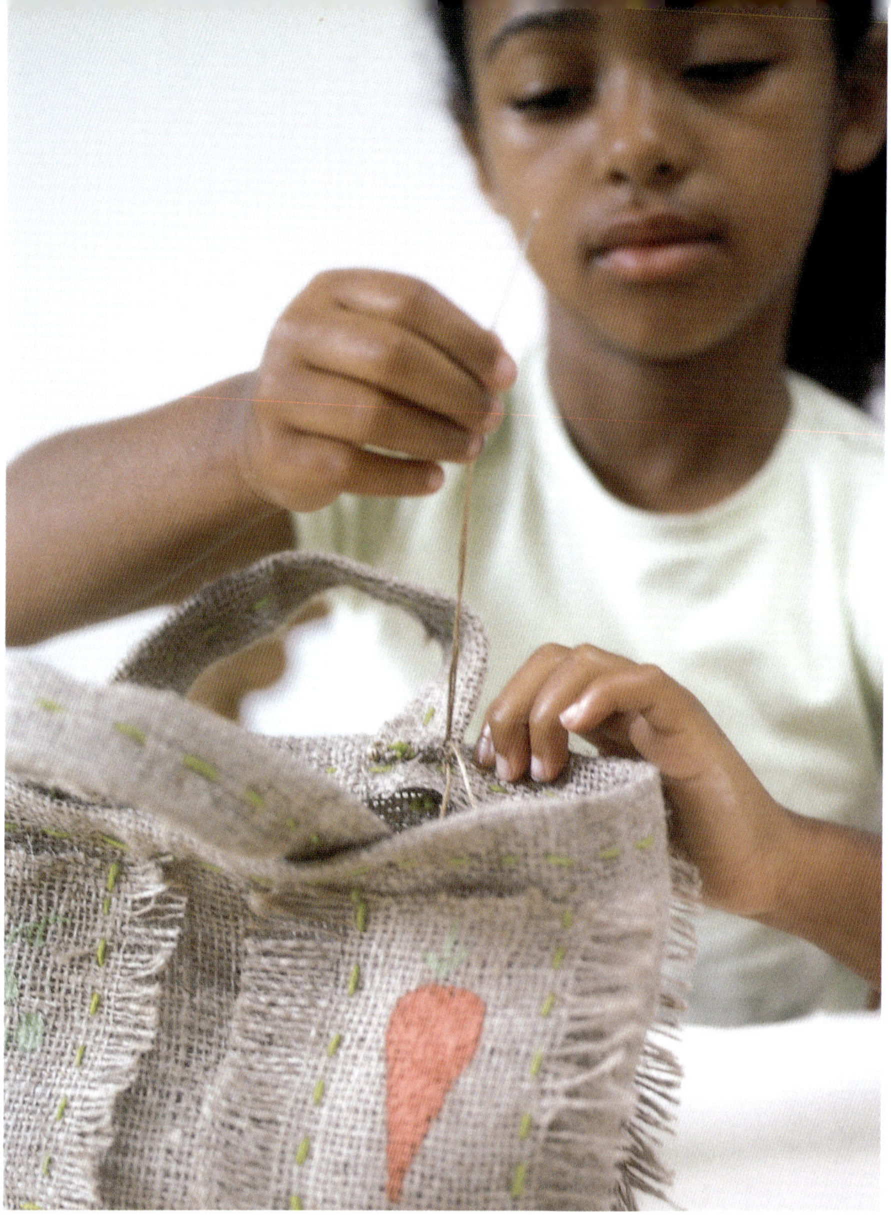

8. Griffe annähen

Die Griffe werden im Abstand von 12 cm an die Innenseite der Tasche genäht. Die Enden werden an den Längsseiten der Tasche genau über den aufgenähten Seitentaschen mit Steppstichen festgenäht, damit sie in Form bleiben.

THYM
SALVIA
Vicia Faba

Lavendelsäckchen

Diese hübschen Lavendelsäckchen sind einfach zu basteln und schöne Geschenke für Freunde und Verwandte. Besonders schön nostalgisch sehen pastellfarbene Stoffe mit floralen, gestreiften oder getupften Motiven aus.

- Lavendelblüten
- Bunter Stoff (pro Säckchen entweder zwei rechteckige Stoffstücke in den Maßen 12 x 20 cm oder eines in den Maßen 12 x 40 cm)
- Zickzackschere
- Schere
- Baumwollgarn
- Nähnadel
- 25 cm schmales Baumwollband pro Säckchen

2. Säckchen zurechtschneiden

Mit einer Zickzackschere (dann fransen die Kanten nicht aus) schneidet man ein Stoffstück in den Maßen 12 x 40 cm (oder zwei in den Maßen 12 x 20 cm) zu.

1. Lavendelblüten ernten und trocknen

Mit einer Schere schneidet man vorsichtig Lavendelblüten ab. Die Stiele lässt man dabei möglichst lang. Auf einem mit Backpapier ausgelegten Tablett lässt man die Blüten trocknen. Wenn die Blüten ganz trocken sind, streift man sie von den Stielen ab und sammelt sie in einer Schüssel.

3. Säumen

Auf links gedreht näht man die Kanten des Säckchens mit einem bunten Baumwollgarn und Steppstichen zusammen. Damit die Lavendelblüten nicht herausrieseln, sollten die Stiche nicht weiter als 1 cm auseinanderliegen.

5. Schleife binden

Legen Sie das Säckchen auf die Seite und wickeln Sie ein Baumwollband knapp über der Lavendelfüllung um den Stoff. Zuziehen, in eine Schleife binden und die Enden mit einer Schere abschneiden.

4. Lavendel einfüllen

Wenn die Säckchen fertiggenäht sind, stülpt man sie um und füllt die Lavendelblüten vorsichtig mit einem Löffel ein. Man befüllt jedes Säckchen etwa bis zur Hälfte.

TRICKS UND TIPPS

- Aus hübschen Kleidchen, die man in Secondhand-Shops bekommt, lassen sich niedliche Säckchen nähen.
- Auch mit der Zickzackschere zugeschnittene Filzherzen kann man mit Lavendel füllen.
- Nähen Sie Aufhänger aus Stoffband an die Säckchen.
- Anstelle des Lavendels können Sie auch getrocknete Rosenblüten verwenden.

Bedruckte Schürze

Diese lustige Gartenschürze haben wir mit Apfelmotiven bedruckt, ähnlich der Kartoffeldruckmethode. Das einfache Apfelmotiv wirkt so, wie es ist – ohne Schnörkel und Verzierungen. Statt einer fertigen Schürze kann man sich auch eine eigene mit bunten Säumen und Streifen entwerfen und nähen.

EINKAUFSLISTE
- Apfel
- Scharfes Küchenmesser
- Küchenkrepp
- Stofffarbe
- Teller für die Farbe
- Kleiner Schwamm oder Farbroller
- Helle Baumwollschürze

1. Farbe auftragen

Ein Erwachsener schneidet den Apfel in zwei Hälften. Überschüssige Feuchtigkeit tupft man mit Küchenkrepp ab und gibt mit einem Schwamm Farbe, die man zuvor aus der Tube auf einen Teller gedrückt hat, auf die Schnittfläche.

2. Motive aufstempeln

Vorsichtig drückt man nun den Apfel mit der Schnittfläche auf den Stoff und ruckelt ihn leicht hin und her, damit die Farbe besser aufgenommen wird. Aber Vorsicht, denn das Motiv verschmiert leicht!

3. Schürze verzieren

Mit dem Farbroller oder dem Schwamm trägt man neue Farbe auf den Apfel auf und bedruckt so nach und nach den ganzen Stoff. Wenn die Farbe trocken ist, fixiert man sie durch Bügeln (Anleitung auf der Packung der Stofffarbe).

TRICKS UND TIPPS

- Probieren Sie verschiedene Obst- und Gemüsesorten aus. Broccoli, Möhren, Birnen, Blumenkohl oder Squash-Kürbisse ergeben interessante Motive.

- Mit dieser Methode kann man auch Grußkarten, Geschenkpapier oder Stoff bedrucken. Lesen Sie dazu auch das Projekt Kartoffeldruck (Seiten 94–95).

Blechdosenwindspiel

Aus einer alten Blechdose und ein paar Glasperlen kann man ein klingendes Windspiel basteln, das – in einem Baum aufgehängt –, im Sonnenlicht glitzert. Das Bohren der Löcher muss ein Erwachsener übernehmen.

1. Löcher bohren

Bevor man anfangen kann, muss ein Erwachsener die beiden Löcher, in denen der Aufhängedraht befestigt wird, in die Seiten der Dose bohren. In den Boden werden fünf Löcher (eins in der Mitte, weitere vier am Rand und vier um das mittlere Loch) gebohrt. Nun kann man vier schmale Streifen entlang der Rillen auf die Dose malen.

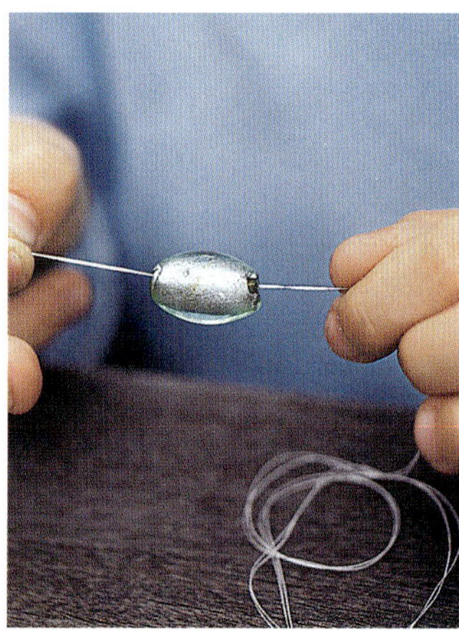

2. Perlen aufziehen

An einem Ende einer etwa 20 cm langen Nylonschnur wird eine kleine Glocke befestigt und die Schnur mehrmals verknotet. Dann fädelt man vier Glasperlen auf die Schnur.

4. Metallplättchen aufziehen

An einem 20 cm langen Stück Nylonschnur wird ein Glöckchen befestigt und verknotet. Dann fädelt man die Metallscheibe auf, sodass sie am Ende der Schnur über dem Glöckchen hängt.

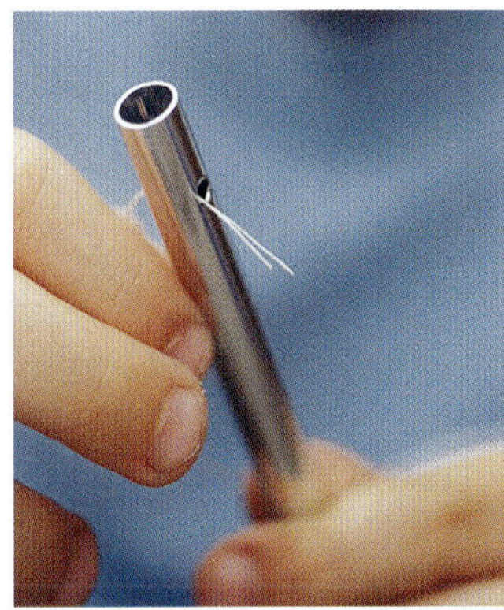

5. Klangstäbe befestigen

Dann wird ein 30 cm langes Stück Nylonschnur doppelt gelegt und verknotet. Es wird anschließend mit einer Schlaufe durch das Metallröhrchen gezogen.

3. Glöckchen aufziehen

Die restlichen drei Schnüre werden genauso mit einem Glöckchen und den Perlen vorbereitet. Anstelle der Glasperlen kann man auch polierte Holzkügelchen verwenden.

6. Perlenschnüre befestigen

Die Klangröhrchen, die Metallscheibe und die Perlenschnüre werden nun durch die Löcher im Dosenboden gezogen. Die Schnur mit der Metallscheibe kommt in die Mitte, die Metallröhrchen außen herum und die Perlenschnüre an den Rand.

7. Aufhängedraht befestigen

Am oberen (offenen) Dosenrand wird nun ein 30 cm langes Stück Silberdraht durch die Löcher gezogen und an den Enden verdreht, damit es nicht herausrutscht.

8. Fäden verknoten

Zum Schluss bündelt man alle Schnüre in der Mitte, zieht sie durch eine Perle und verknotet die Enden miteinander.

Samentütchen

Mit selbst bemalten Samentüten macht das Aufbewahren von Samen noch mehr Spaß. Und sie sind obendrein ein hübsches Geschenk für Freunde und Verwandte.

1. Umschläge verzieren
Der Rand der Umschläge wird mit bunten Wellenlinien und Punkten verziert.

2. Motive aufmalen
Jetzt zeichnet man die Blumen oder die Gemüsesorte, deren Samen in das Tütchen kommen, auf den Umschlag und malt die Fläche bunt aus. Der Pflanzenname kommt anschließend noch in Schönschrift dazu.

3. Löcher stanzen
Jetzt werden zwei Löcher in das Ende des Umschlags, an dem die Lasche liegt, gestanzt. Samen einfüllen und vorsichtig verschließen.

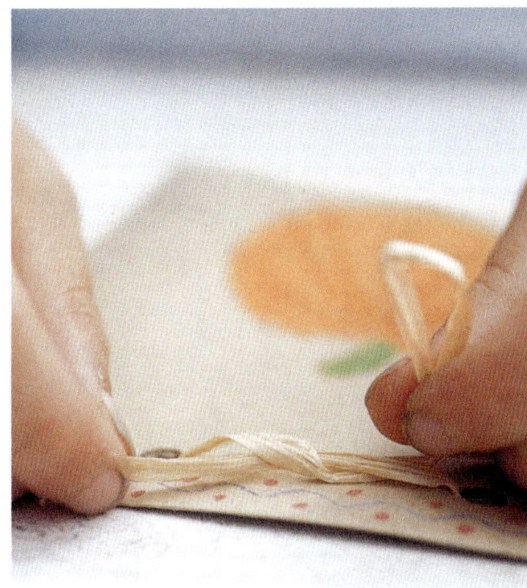

4. Bast einziehen

Durch die Löcher wird Raffiabast gezogen und zu einer Schleife gebunden. Zu lange Enden schneidet man mit der Schere ab.

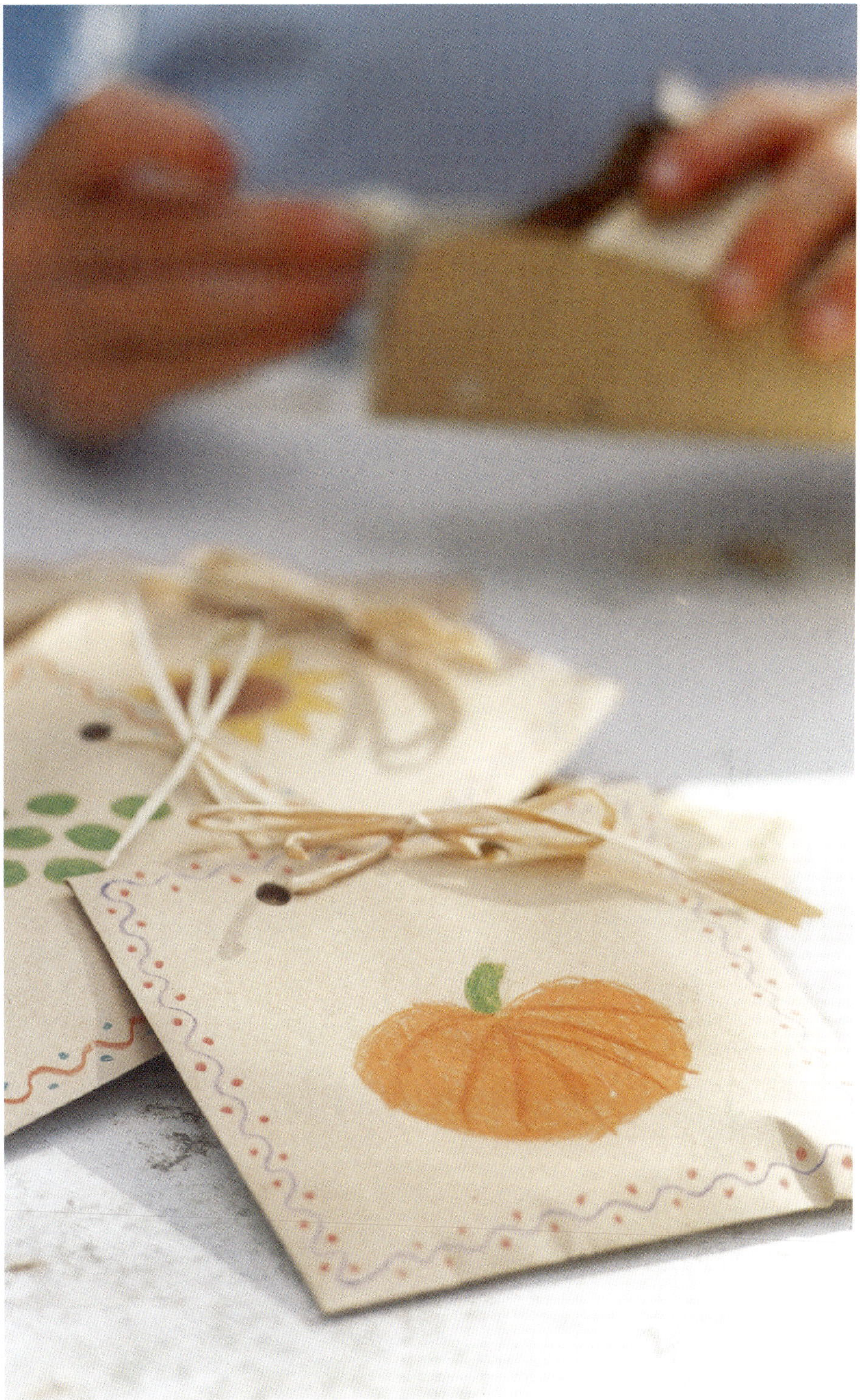

TRICKS UND TIPPS

- Feine Samen legt man in ein Papiertaschentuch, das mit Klebeband verschlossen wird, bevor man das Saatgut eintütet.
- Man kann die Umschläge auch mit Kartoffeln bedrucken (siehe Seiten 94–95).
- Die botanischen Namen der Pflanzen für die Etiketten findet man am schnellsten im Internet.

Kartoffeldruck

Kartoffeln schmecken nicht nur lecker, man kann sie auch zum Bedrucken von Papier verwenden. So kann man sich ein eigenes Briefpapier oder Karten und Umschläge entwerfen und bedrucken.

1. Motiv einschnitzen

Ein Erwachsener muss die Blattform in die halbierte Kartoffel schnitzen. Dann tupft man überschüssige Feuchtigkeit mit Küchenkrepp ab und streicht Farbe mit dem Pinsel auf die Blattform.

2. Bedrucken

Vorsichtig druckt man nun das Blatt auf das Packpapier. Damit die Farbe gut aufgetragen wird, ruckelt und schiebt man die Kartoffel ganz leicht hin und her.

3. Letzter Schliff

Wenn das ganze Papier bedruckt ist, lässt man die Farbe trocknen. Wenn man das Motiv auch zum Bedrucken von Grußkarten und Anhängern verwendet, bekommt man zusammen mit dem Geschenkpapier ein komplettes Set.

TRICKS UND TIPPS

• Mit Kartoffeln und Stofffarbe kann man auch Stoffe bedrucken (siehe das Projekt Bedruckte Schürze, Seiten 86–87).

• Mit einem Plätzchenstecher kann man sternförmige Stempel schneiden, um Einladungskarten zu bedrucken.

Vogelfutterkürbis

Mit dieser Vogelfutterschale lockt man viele Vögel in den Garten. Sie besteht aus einem mit Nelken verzierten Kürbis. In einem Baum aufgehängt und mit Vogelfutter gefüllt, zieht dieser viele Gefiederte an.

1. Kürbis halbieren

Nachdem ein Erwachsener den Kürbis halbiert hat, kann man das Fruchtfleisch mit einem Löffel aushöhlen. Aus den Samen kann man sich eine Halskette basteln (Seiten 100–101). Die Löcher für die Nelken bohrt man mit einer Ahle. Auch das sollte besser ein Erwachsener übernehmen. Die Nelken steckt man dann in zwei Reihen um den Rand der Kürbishälfte.

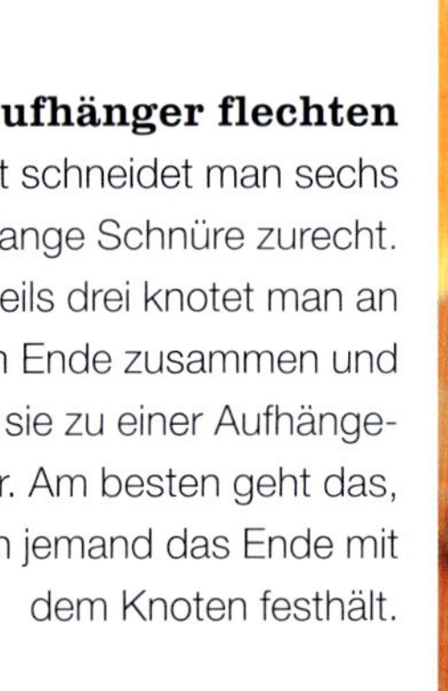

2. Aufhänger flechten

Zuerst schneidet man sechs 1 m lange Schnüre zurecht. Jeweils drei knotet man an einem Ende zusammen und flicht sie zu einer Aufhängeschnur. Am besten geht das, wenn jemand das Ende mit dem Knoten festhält.

3. Aufhänger befestigen

Auf der Kürbisunterseite legt man die geflochtenen Schnüre kreuzförmig übereinander und befestigt sie in der Mitte mit einem Nagel.

4. Vogelfutter vorbereiten

Der Talg wird in einer Pfanne erwärmt und
mit dem Vogelfutter vermischt. Man gibt
so viele Körner dazu, bis eine feste Masse
entsteht. Dann füllt man die Mischung mit
dem Löffel in die Kürbisschale. Die Aufhänger bindet man um einen Ast und
schneidet die überstehenden Enden ab.

TRICKS UND TIPPS

- Eine Holzschale, die man mit der
  Körnermischung füllt, hält länger
  als die Kürbisschale, die nach
  einigen Tagen weich wird und
  dann ersetzt werden muss.
- Die Fettfuttermischung kann man
  auch in die Nylonnetze füllen, in
  denen Knoblauch oder Zwiebeln
  verkauft werden, um eigene Mei-
  senknödel herzustellen.

Erdnussherz

Erdnüsse lassen sich einfach auf einen Draht fädeln, den man in viele verschiedene Formen biegen kann. So wird aus einer Vogelfutterstelle gleichzeitig eine hübsche Gartendekoration.

EINKAUFSLISTE
- Erdnüsse
- Zahnstocher oder Ahle zum Löcher bohren
- Dicker Draht
- Bast für die Schleife
- Gartenschnur zum Aufhängen (etwa 20 cm)

1. Löcher in die Erdnüsse bohren
Mit dem Zahnstocher bohrt man Löcher durch die Mitte der Erdnüsse. Für ein Herz benötigt man etwa 60 Erdnüsse.

TRICKS UND TIPPS

- Da die Enden einer Ahle und der Zahnstocher sehr spitz sind, werden die Löcher besser von Erwachsenen gebohrt, damit sich niemand verletzt.
- Statt der Herzform kann man auch Kreise, Ovale oder Spiralen aus Draht biegen.
- Das Erdnussherz ist auch ein tolles Geschenk!

2. Erdnüsse auffädeln
Man biegt den Draht V-förmig zusammen. Das V bildet dann die Spitze des Herzens. Dann fädelt man auf jedes Ende des Drahts 30 Erdnüsse auf.

3. Herz biegen
Nun werden die Enden in Herzform gebogen (das macht am besten ein Erwachsener, damit sich niemand verletzt). Die Drahtenden verdreht man ineinander und versteckt sie hinter einer Bastschleife. Zum Schluss befestigt man eine Schlaufe aus 20 cm Gartenschnur in der Mitte und hängt das Erdnussherz im Garten an einem Ast oder an einer Pergola auf.

Kürbiskernkette

Wenn es draußen kalt oder nass ist, kann man mit den Kindern Halsketten oder Armbänder aus Kürbiskernen und Ahornsamen basteln. Die Kerne des Halloweenkürbis (Seiten 102–103) sind ideal.

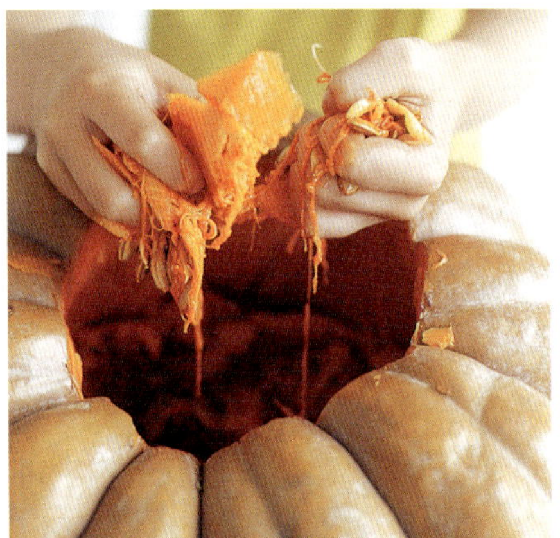

1. Kürbiskerne entfernen

Mit einem Löffel löst man das Fruchtfleisch im Kürbis und höhlt die Schale dann mit den Händen aus.

2. Kerne einweichen

Die Kürbiskerne werden nun in einer Schüssel mit warmem Wasser einige Stunden eingeweicht, damit sich das Fruchtfleisch von der Schale löst.

3. Kürbiskerne spülen

In einem Nudelsieb spült man die vom Fruchtfleisch befreiten Kerne so lange unter fließendem Wasser durch, bis sie ganz sauber sind.

4. Trocknen lassen

Auf einem Küchentuch oder Geschirrhandtuch legt man die Samen zum Trocknen aus. Das kann durchaus bis zu einer Woche dauern.

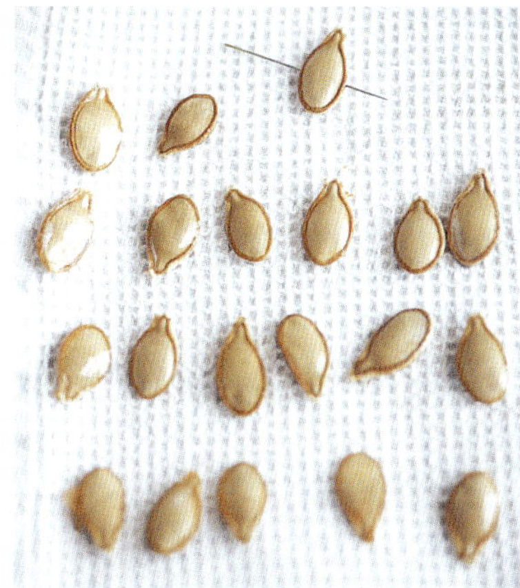

5. Löcher stechen
Mit einer Nadel sticht man Löcher zum Auffädeln durch die Samen. Da Kinder sich dabei schnell stechen und verletzen, ist es besser, wenn die Löcher von einem Erwachsenen gebohrt werden.

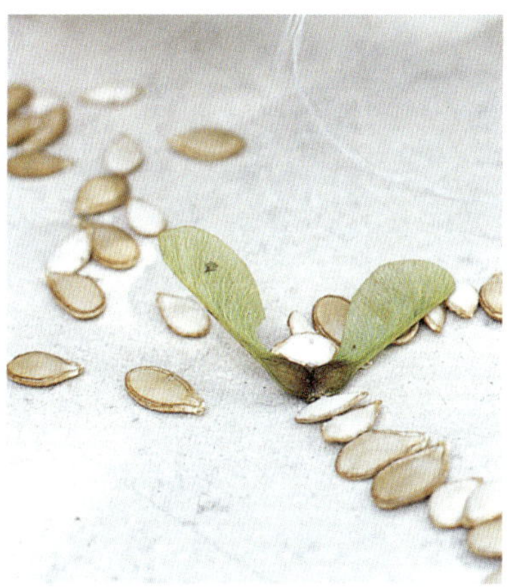

6. Samen auffädeln
Man führt das Baumwollgarn durch das Nadelöhr und fädelt die Samen auf die Schnur. Nach einigen Kürbiskernen kommt zur Abwechslung ein geflügelter Ahornsamen. Die Enden knotet man zum Schluss zusammen.

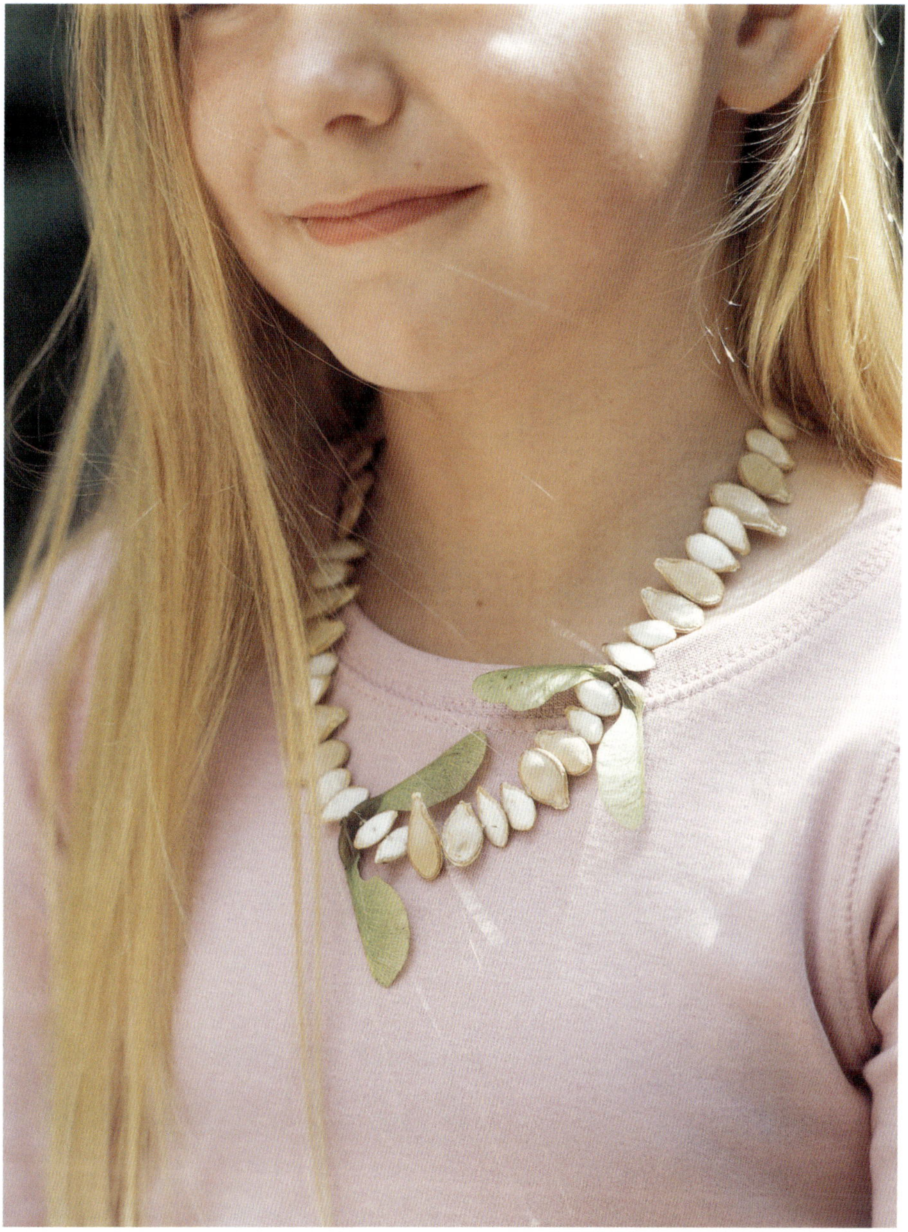

TRICKS UND TIPPS

- Passende Armbänder kann man mit elastischem Gummiband basteln, auf das man die Samen fädelt. Sie lassen sich einfach auf- und abstreifen.
- Die getrockneten Kürbiskerne kann man auch bunt anmalen.
- Man kann auch Holzperlen zwischen den Samen aufziehen.

Kürbislaterne

Dieser geschnitzte Halloweenkürbis sieht ziemlich freundlich aus und ist nicht unheimlich. Er hat eine Pastinakennase und Haare aus Möhrengrün. Mit einem Teelicht beleuchtet, sorgt er im Garten oder als Tischdeko für festliche Stimmung im Herbst.

1. Kürbis aushöhlen

Nachdem ein Erwachsener ein Loch in den Kürbis geschnitten hat, schält man das Fruchtfleisch und die Kerne mit dem Löffel und den Händen aus.

2. Gesicht aufmalen

Mit dem Filzstift malt man das Gesicht (Augen, Nase und Mund) auf den Kürbis. Dann schneidet ein Erwachsener die Formen mit dem Messer aus.

3. Nase einsetzen

Die Pastinake steckt man mit dem dicken Ende in das Loch, wo die Nase sitzen soll.

TRICKS UND TIPPS
- Aus den gewaschenen und getrockneten Kürbiskernen kann man hübsche Halsketten und Armbänder basteln (siehe Seiten 100–101).
- Aus dem Kürbisfleisch kann man leckere Kürbissuppe kochen oder Kürbissaft pressen. Toll für jede Halloweenparty!

4. Haare frisieren

Die Möhrenblätter legt man nun wie Haare auf den Kürbiskopf. Mit einem Teelicht leuchtet der Kürbis im Garten oder auf dem Tisch. Besonders hübsch sieht es aus, wenn man ihn zusätzlich mit buntem Herbstlaub dekoriert.

Vogelscheuche

Kinder lieben es, aus alten Kleidungsstücken eine lustige Vogelscheuche zu bauen. Im Gemüsebeet sorgt sie dann dafür, dass
sich vorwitzige Vögel von den angebauten Früchten fernhalten.

1. Kopf nähen

Für den Kopf braucht man
ein Stück Jute in den Maßen
40 x 55 cm. Man faltet das
Stoffstück entlang der längeren
Kante in der Mitte und näht
die Enden zusammen. Am
Rand lässt man einen 1,5 cm
breiten Saum stehen.

2. Kopf ausstopfen

Zuerst dreht man den Juteschlauch von
innen nach außen und bindet ein Ende mit
Schnur zu. Die Ränder franst man vorsichtig
aus. Anschließend stopft man den Kopf mit
Stroh fest aus.

3. Gesicht malen

Mit einem Pinsel malt man der Vogelscheuche zwei Augen und einen Mund auf
das Gesicht. Anschließend die Farbe gut
trocknen lassen.

EINKAUFSLISTE
- Jute für den Kopf
- Nähnadel
- Garn
- Gartenschnur
- Stroh zum Ausstopfen
- Farbe für das Gesicht
- Pinsel
- 2 Holzstäbe (1,20 m und 90 cm lang)
- Altes Hemd
- Latzhose
- Strohut

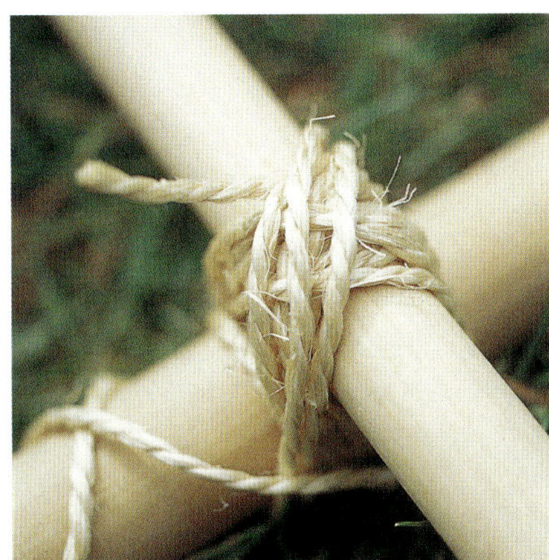

4. Ständer bauen
Über den längeren Holzstab legt man – etwa 40 cm von dem einen Ende entfernt – den kürzeren Stab quer und umwickelt die Verbindungsstelle mit Schnur, damit die Stäbe fest miteinander verbunden sind.

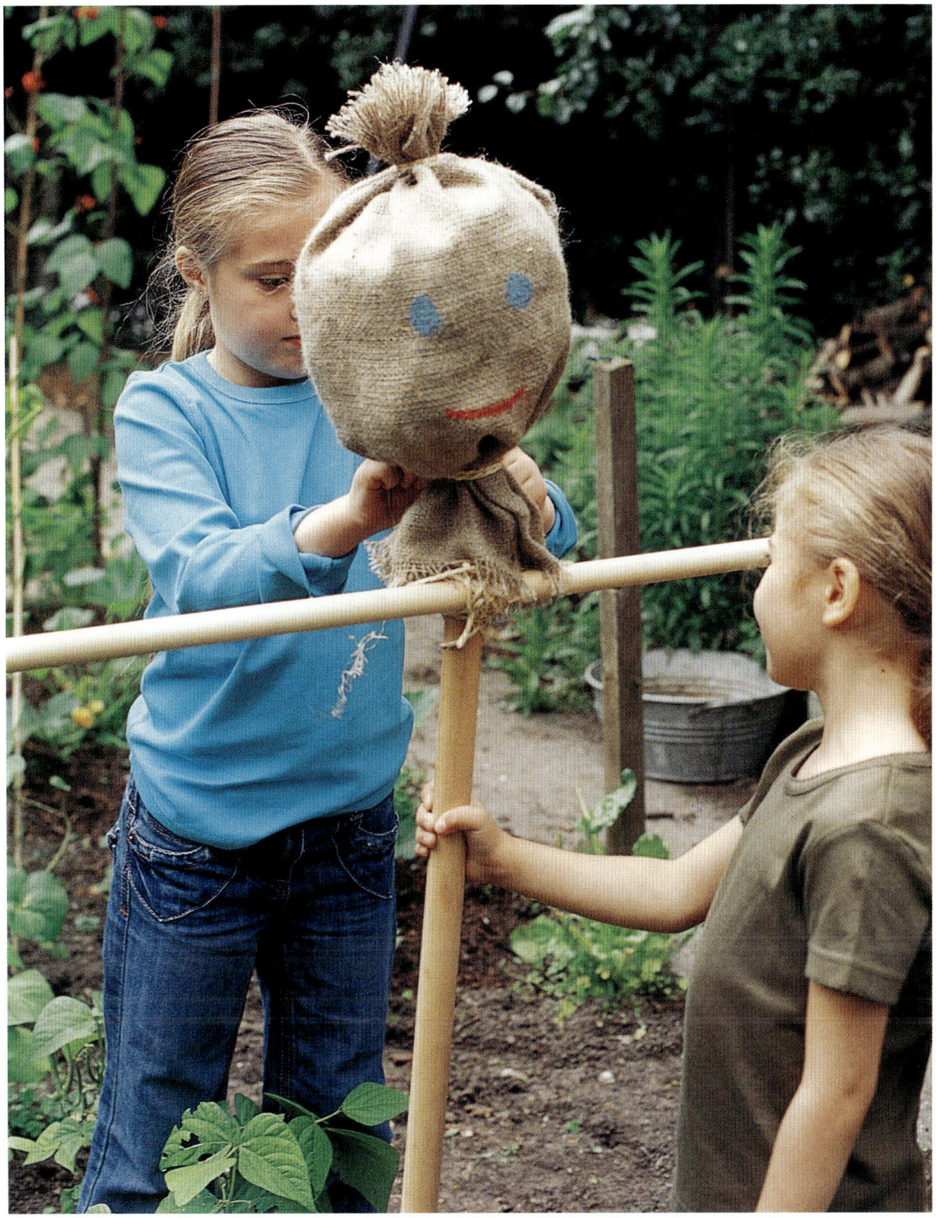

5. Pflöcke aufstellen
Jetzt schlägt man das Gestell in den Boden. Wenn die Erde sehr hart ist, kann man auch ein Loch graben, den Stab hineinstellen und die Erde antreten. Den Kopf steckt man über die Spitze und bindet ihn mit Gartenschnur fest.

6. Kleider anziehen

Das aufgeknöpfte Hemd wird der Vogel-
scheuche angezogen und am Bauch mit
Schnur zusammengezogen. So fällt das
Stroh nicht aus dem Bauch heraus.

7. Körper ausstopfen

Das Hemd wird an Brust und
Bauch und den Ärmeln mit dem
Stroh ausgestopft, bis der ganze
Körper fest und schön geformt ist.

8. Hose anziehen

Zum Schluss zieht man der
Vogelscheuche die Latzhose
an. Man kann in den Sitz auch
ein Loch schneiden, damit der
Stab einfacher durchgeht.
Dann stopft man die Hosen-
beine mit Stroh aus und setzt
der Vogelscheuche zum
Schluss noch einen lustigen
alten Stroh- oder Filzhut auf.

TRICKS UND TIPPS

- Auch ein umgestülpter Tontopf,
  auf den man ein Gesicht gemalt
  hat, eignet sich als Kopf.
- Lustige Kleidungsstücke kann
  man günstig auf dem Flohmarkt
  kaufen.
- In der Sonne glitzernde CDs, die
  man an den Enden der Arme der
  Vogelscheuche aufhängt, vertrei-
  ben besonders vorwitzige Vögel.

Herbstkranz

Einen fertigen Kranz kann man mit getrocknetem Herbstlaub und Samenständen verzieren und an der Wand oder der Haustür aufhängen. Am schönsten sehen gepresste Herbstblätter aus.

1. Sammeln und trocknen

Das Herbstlaub, das man sammelt, sollte vor dem Trocknen nicht feucht sein. Zwischen Zeitungspapier presst man die Blätter zwei bis drei Wochen in einer Blumenpresse oder zwischen Büchern.

2. Blätter aufkleben

Mit einem Tropfen Bastelkleber fixiert man die Blätter und Samen in regelmäßigen Abständen auf dem Kranz.

3. Der letzte Schliff

Das Geschenkband wird in die Mitte des Kranzes gefädelt und zu einer Schlaufe gebunden, an der der Kranz aufgehängt werden kann.

TRICKS UND TIPPS

- Man kann den Kranz auch mit Silber- oder Goldspray einsprühen, wie beim Weihnachtskranz auf den nächsten Seiten beschrieben.

- Man kann auch bunte Beeren zum Dekorieren des Kranzes verwenden. Man muss dabei aber darauf achten, dass man keine giftigen verwendet.

Weihnachtskranz

Schön geformte Blätter, Nüsse und Samenstände kann man in Silber und Gold anmalen und mit ihnen einen Weihnachstkranz verzieren. Er ist zur Winterzeit eine Zierde für jede Haus- und Wohnungstür.

1. Blätter trocknen und bemalen

Im Garten oder im Park sammelt man schöne Blätter und presst sie, in Papier geschlagen, zwei bis drei Wochen zwischen dicken Büchern oder in einer Pflanzenpresse. Wenn die Blätter trocken sind, bemalt man sie mit Gold- und Silberfarbe. Trocknen lassen.

2. Nüsse und Samenstände

Mit einem feinen Pinsel bemalt man auch die Nüsse und getrockneten Samenstände mit der Gold- oder Silberfarbe. Gut trocknen lassen.

3. Blätter aufkleben

Ein Tropfen Bastelkleber wird auf die Unterseite eines Blatts gegeben und dieses dann vorsichtig auf dem Kranz fixiert.

4. Restliche Blätter

Eins nach dem anderen klebt man die bemalten Blätter auf den Kranz.

5. Der letzte Schliff

Zum Schluss klebt man noch Nüsse auf den Kranz und bindet eine Schleife an das obere Ende. Dann wird er an einem Stück Schnur aufgehängt.

TRICKS UND TIPPS

- Nüsse und Samenstände lassen sich auch gut mit Heißkleber befestigen. Dies dürfen aber nur Erwachsene.
- Kleine Kiefern- und Tannenzapfen kann man mit Silber- und Goldspray besprühen und mit Heißkleber am Kranz befestigen
- Für einen skandinavischen Kranz malt man die Blätter mit roter und weißer Farbe an.

Reisigsterne

Aus Reisig oder dünnen Zweigen bastelt man zarte Deko-Sterne. Mit Gold- oder Silberfarbe angesprüht hängt man sie von der Decke herab oder verwendet sie als schönen Weihnachtsbaumschmuck.

1. Zweige bemalen

Mit einem Pinsel trägt man Silberfarbe auf drei 10 cm lange Zweigstückchen auf. Gut trocknen lassen und bei Bedarf eine zweite Farbschicht auftragen.

2. Stern basteln

Die Zweige legt man nun so über Kreuz, dass ein Stern entsteht. Die Mitte umwickelt man mit Silberdraht, bis die Zweige fest zu einem Stern zusammenhalten.

3. Aufhänger befestigen

Ein Stück Schnur wird zur Hälfte genommen und die Schlaufe um einen Zweig gewickelt. Dann fädelt man die Enden durch die Schlaufe und verknotet sie fest miteinander.

TRICKS UND TIPPS

• Rot und weiß bemalte Sterne kann man in einem Glasgefäß im Garten in die Bäume hängen: eine wahrhaft festliche Dekoration!

• Streichen Sie etwas Bastelkleber auf die bemalten Sterne, halten Sie sie über ein Stück Zeitung und streuen Sie Gold- oder Silberglitter darüber.

Spaß im Garten

Schatzsuche

Ein Garten mit großen Bäumen, Sträuchern und großblättrigen Dschungelpflanzen ist eine spannende Kulisse für aufregende Schatzsuchen und Schnitzeljagden.

SCHNITZELJAGD

Eine Schnitzeljagd ist einfach vorzubereiten und macht Kindern ungeheuer viel Spaß. Man muss nur durch den Garten gehen und eine Liste von Gegenständen aufschreiben, die die Kinder finden müssen. So kann man Kinder bei Gartenpartys, Geburtstagen und in den Schulferien beschäftigen. Dabei spielt es keine Rolle, ob man mehrere oder nur ein Kind auf die Suche schickt. Kiefernzapfen, Früchte, Federn, Muschelschalen und Blüten sind einfach zu verstecken. Lassen Sie aber auch Ihre Fantasie spielen und bringen Sie ungewöhnlichere Gegenstände mit ins Spiel. Für ältere Kinder macht ein Zeitlimit bei der Suche das Ganze noch spannender.

SCHATZSUCHE

Eine Schatzsuche wäre nicht komplett, wenn die Kinder am Ende einer abenteuerlichen Suche nicht mit einer Schatztruhe, Kiste oder Schachtel voller Schokomünzen, Murmeln oder Süßigkeiten belohnt würden. Man versteckt die Kiste und gibt den Kindern Aufgaben und Rätsel auf, die sie lösen müssen, um das Versteck zu finden. Die Hinweise kann man an Baumstämmen anbringen, unter Steinen verstecken, auf einer zusammengerollten Schatzkarte aufzeichnen oder auf nummerierte Papierschnipsel schreiben, die man wie ein Puzzle zusammensetzen muss. Je nach Anlass oder Jahreszeit kann man der Schatzsuche ein besonderes Motto geben, zum Beispiel eine Ostereiersuche.

PFLANZENBINGO

Mit diesem Spiel lernen Kinder verschiedene Blätter und Pflanzen kennen. Zeichnen Sie ein Gitterraster auf ein Blatt Papier und anschließend in jedes Kästchen die Umrisse eines anderen Blatts, einer Frucht oder einer Blüte. Die Kinder müssen dann im Garten die passenden Pflanzen finden und wer als Erster alle Kästchen gefüllt hat, hat gewonnen.

Gartenspiele

Gerade in einer Zeit, in der sich Kinder viel mit Fernsehen und Computerspielen beschäftigen, ist es (auch für ihre Gesundheit) wichtig, ihnen zu vermitteln, das man auch draußen, im Garten, alleine oder mit Geschwistern und Freunden spielen und Spaß haben kann.

SPASS UND SPIEL

Egal wie groß ein Garten ist, er bietet Kindern genug Raum zum Spielen. Und wenn man keinen eigenen Garten besitzt, kann man mit den Kindern auf Spielplätze oder in öffentliche Parks gehen, damit sie sich im Freien austoben können.

KINDERSPIELE

Kleine Kinder lieben Gruselspiele wie *Wer hat Angst vorm bösen Wolf*. Man lässt die Kinder Grashalme oder kleine Zweigchen ziehen – wer das kürzere hat, ist der Wolf. Dieser stellt sich an ein Ende des Gartens, die anderen Kinder stellen sich am gegenüberliegenden Ende in einer Reihe auf. Der Wolf dreht den anderen den Rücken zu, während sie rufen: »Wie spät ist es?« Der Wolf antwortet zum Beispiel »ein Uhr« oder »neun Uhr« und so viele Schritte müssen die Kinder auf ihn zugehen. Wenn der Wolf »Essenszeit" ruft, rennen alle vor dem Wolf davon. Das Kind, das der Wolf fängt, ist in der nächsten Runde der Fänger.

Bei einer anderen Variante dieses Spiels versuchen alle Kinder, sich von hinten an eine »Großmutter« heranzuschleichen. Wenn sich die Großmutter umdreht, müssen alle Mitspieler sofort komplett stillstehen. Jedes Kind, das sich noch bewegt, muss wieder zurück zur Startlinie. Der Mitspieler, der die Großmutter als Erstes erreicht, hat gewonnen und darf ihre Rolle in der nächsten Runde spielen.

DAMPF ABLASSEN

Ein großer Garten ist ideal für Ballspiele, Wettrennen und Verfolgungsjagden, Dosenkicken oder Verstecken. In einem kleinen Garten kann man *Himmel und Hölle*, Gummihüpfen, Seilspringen oder Seifenblasenpusten spielen.

Wasserspaß

Es gibt nichts Schöneres an einem langen, heißen Sommertag als mit Wasser herumzuspritzen. Die Möglichkeiten, Kinder mit Wasser zu beschäftigen, sind endlos. Lassen Sie Ihrer Fantasie freien Lauf! Wasserpistolen und Boote im Planschbecken fahren lassen sind dabei nur der Anfang.

DIE AUTOWÄSCHE

An sonnigen Tagen können Sie Ihren Kindern zeigen, wie sie ihre eigenen Fahrzeuge im Garten waschen können. Dafür werden Fahrräder, Dreiräder oder Tretroller aus dem Gartenhäuschen oder der Garage geholt und in einer Reihe aufgestellt. Zeigen Sie nun Ihren Kindern wie man die Rahmen mit Seifenwasser und einer Bürste sauber macht. Wenn die Kinder Plastikspielzeug oder Geschirr haben, kann auch das im Seifenwasser abgespült werden und in der Sonne trocknen.

WASSERMALEN

Kleine Künstler haben viel Freude am Wassermalen. Es ist einfach, man benötigt keine besondere Ausstattung und hinterlässt obendrein keine Flecken, die sich schwer entfernen lassen. Alles was die Kinder brauchen, ist eine Schüssel mit Wasser und ein Pinsel. Den Pinsel ins Wasser tauchen und auf der trockenen Veranda können damit lustige Gesichter, sonderbare Wesen und schöne Muster auf die Holz- oder Steinoberfläche gemalt werden. Alternativ können Sie alte, ausgewaschene Spülmittelflaschen mit Wasser füllen. Ihre Kinder können damit ihre Namen oder Nachrichten auf den Boden sprühen. Bodenmalereien aus bunter Kreide lassen sich mit einer Schüssel Seifenwasser problemlos und mit viel Spaß entfernen.

WASSERBALL

Wenn Freunde zu Besuch kommen, können Kinder sich gegenseitig mit einem feuchtem Schwamm bewerfen. Wer getroffen wird, hat verloren. Man braucht nur ein Handtuch und Badesachen, schon kann der Spaß beginnen!

Mini-Monster

Unter Steinen und Holzstücken, in der Erde oder unter großen Blättern versteckt sich allerhand Getier, das Kinder mit großem Enthusiasmus erforschen können.

HINTERHOFSAFARI

Es spielt keine Rolle, ob man auf dem Land oder in der Stadt wohnt, einen großen oder kleinen Garten besitzt. Überall kann man seine Kinder auf eine Hinterhofsafari begleiten und mit ihnen viele interessante große und kleine Kreaturen entdecken.

Viele Tiere sind alte Bekannte, wie Schnecken, Kellerasseln, Tausendfüßer, Spinnen, Marienkäfer, Schmetterlinge, Hummeln oder Bienen. Seit einigen Jahren gesellen sich aber immer mehr exotische Einwanderer dazu, wie schillernde Rosenkäfer, das feuerrote Lilienhähnchen (ebenfalls ein Käfer) und verschiedene Glanzkäfer. Die Vertreter aus dem Reich der Insekten üben auf Kinder eine unwiderstehliche Anziehungskraft aus und spornen zu immer neuen Entdecker- und Sammlerexkursionen an.

UNERSCHROCKENE ENTDECKER

Auch wenn Kinder meist sofort ins Freie stürmen und den Garten nach verborgenem Getier absuchen, sollte man sich mit ihnen die Zeit

nehmen, eine Forscherausrüstung zusammenzustellen. Das geht ganz fix und die Kinder können dann ihre Beobachtungen und Entdeckungen in einem Tagebuch aufschreiben. Man braucht dazu nur eine einfache Lupe oder ein Vergrößerungsglas, ein Notizbuch und einen Bleistift. Kinder, die gerne malen und zeichnen, können Skizzen der Tiere anfertigen, die sie gefunden haben. Größere Kinder, die auch schon mit dem Computer umgehen, gehen mit einer einfachen Digitalkamera ausgestattet auf Entdeckertouren. So können Tiere, die sonst schnell davonfliegen oder krabbeln, später in Ruhe anhand der Bilder am Computerbildschirm bestimmt werden.

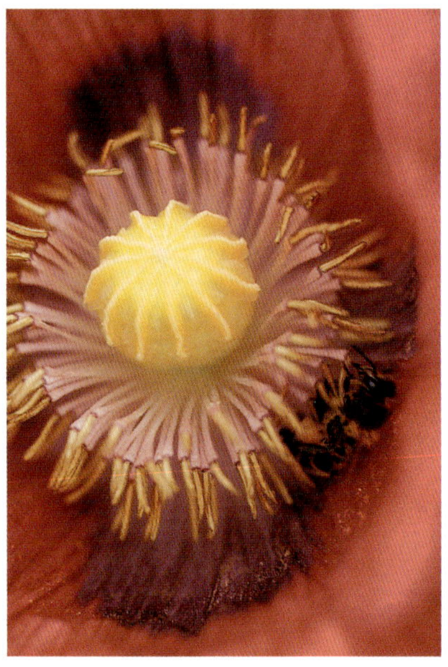

BESTIMMEN

Viele Tiere kennt man selbst und kann den Kindern auf Anhieb sagen, um was für eine Art es sich handelt. Manchmal finden Kinder aber auch ungewöhnlichere Tiere, die man am besten mit einem guten Bestimmungsbuch oder Naturführer identifizieren kann.

Service

Saatgut

ISP – Saatzucht Quedlinburg
International Seeds Processing
GmbH
Erwin-Baur-Str. 23
06484 Quedlinburg
E-Mail: info@saatzucht-
quedlinburg.de
www.saatzucht-quedlinburg.de

Carl Sperling & Co. GmbH
Hamburger Straße 35
21339 Lüneburg
E-Mail: info@sperli.de
www.sperli.de

Keimzeit Saatgut-Fachversand
Alter Berner Weg 24
22393 Hamburg
E-Mail: kontakt@keimzeit-
saatgut.de
www.keimzeit-saatgut.de

Sperli-Samen über
Samentraum Gassmann
Berckstr. 30
28359 Bremen
E-Mail: info@samentraum.de
www.samentraum.de

Thysanotus-Samenversand
Uwe Siebers
Schulweg 21
28876 Oyten
E-Mail: UweSiebers@t-online.de
www.thysanotus-
samenversand.de

Jelitto Staudensamen GmbH
PF 1264
29685 Schwarmstedt
www.jelitto.com

Thompson & Morgan Seeds
PF 10 69
36243 Nieraula
E-Mail: tmde@thompson-
morgan.com
www.thompson-morgan.de

Gärtner Pötschke GmbH
Beuthener Straße 4
41561 Kaarst
E-Mail: info@poetschke.com
www.gaertner-poetschke.de

Kiepenkerl-Pflanzenzüchtung
Bruno Nebelung GmbH & Co. KG
Freckenhorster Str. 32
48351 Everswinkel
E-Mail: kiepenkerl@nebelung.de
www.kiepenkerl.de

Kiepenkerlsamen über G. Schlüter
Bahnhofstr. 5
25335 Bokholt-Hanredder
www.pflanzenversand-
schlueter.de
E-Mail: versand@garten-
schlueter.de

Kiepenkerlsamen über Tom Garten
ESH Rhenania GmbH
Im Weidboden 12
57629 Norken
E-Mail: info@tom-garten.de
www.tomgartenshop.de

Bio-Saatgut Ulla Grall
Eulengasse 3
55288 Armsheim
E-Mail: Ulla.grall@bio-saatgut.de
www.bio-saatgut.de

Baldur-Garten GmbH
Elbinger Straße 12
64625 Bensheim
www.baldur-garten.de

Liebenauer Landleben
Stiftung Liebenau
Siggenweilerstraße 10
88074 Meckenbeuren
E-Mail: info@liebenauer-
landleben.de
www.liebenauer-landleben.de

N.L.Chrestensen / Erfurter Samen-
und Pflanzenzucht GmbH
Witterdaer Weg 6
99092 Erfurt
E-Mail: info@chrestensen.com
www.gartenversandhaus.de

Balkonpflanzen

Ahrens & Sieberz
Großversand-Gärtnerei
53718 Siegburg-Seligenthal
E-Mail: info@as-garten.de
www.ahrens-sieberz.de

Baldur-Garten GmbH
Elbinger Straße 12
64625 Bensheim
E-Mail: info@baldur-garten.de
www.baldur-garten.de

Gartenbau Dieter Stegmeier
Unteres Dorf 7
73457 Essingen

Dschungel- und Kübelpflanzen

Bambus-Centrum Deutschland
Baumschule Eberts
Saarstrasse 3–5
76532 Baden-Baden
E-Mail: info@bambus.de
www.bambus.de

Flora Mediterranea
Königsgütler 5
84072 Au / Hallertau
E-Mail: info@floramediterranea.de
www.floramediterranea.de

Flora Toskana
Schillerstr. 25
89278 Nersingen OT Straß
E-Mail: info@flora-toskana.de
www.flora-toskana.de

Stauden

Kräuter- und Staudengärtnerei
Mann
Schönbacherstr. 25
02708 Lawalde
E-Mail: info@plantasia.de
www.staudenmann.de

Alpine Staudengärtnerei Siegfried
Geißler
Gorschmitz Nr. 14
04703 Leisnig / Sachsen

Staudengärtnerei Alpine Raritäten
Jürgen Peters
Auf dem Flidd 20
25436 Uetersen
E-Mail: info@alpine-peters.de
www.alpine-peters.de

Staudengärtnerei Ernst Pagels
Deichstraße 4
26789 Leer
E-Mail: pagels-leer@t-online.de

Staudengärtner Klose
Rosenstraße 10
34253 Lohfelden / Kassel
Tel.: 05 61 / 51 55 55
Fax: 05 61 / 51 51 20
www.staudengaertner-klose.de

Arends Maubach
Stauden & Gartenkultur
Monschaustraße 76
42369 Wuppertal-Ronsdorf
www.arends-maubach.de

Kayser & Seibert
Wilhelm-Leuschner-Straße 85
64380 Roßdorf
E-Mail: info@kayserundseibert.de
www.kayserundseibert.de

Staudengärtnerei Gräfin von
Zeppelin
Weinstr. 2
79295 Sulzburg-Laufen
E-Mail: info@graefin-v-
zeppelin.com
www.graefin-v-zeppelin.com

Staudengärtnerei Dieter
Gaissmayer
Jungviehweide 3
89257 Illertissen
E-Mail:
info@staudengaissmayer.de
www.staudengaissmayer.de

Kräuter

Die Kräuterei
Alexanderstraße 29
26121 Oldenburg
Tel.: 04 41 / 88 23 68
www.kraeuterei.de

Rühlemanns Kräuter und
Duftpflanzen
Auf dem Berg 2
27367 Horstedt
E-Mail: info@ruehlemanns.de
www.ruehlemanns.de

Kräuterey Lützel (Bioland)
Im Stillen Winkel 5
57271 Hilchenbach
www.kraeuterey.de

Syringa Duft- und Würzkräuter
Bachstraße 7
78247 Hilzingen-Binningen
E-Mail: info@syringa-samen.de
www.syringa-samen.de

Raritätengärtnerei Treml
Eckerstraße 32
93471 Arnbruck
E-Mail: treml@pflanzentreml.de
www.pflanzentreml.de

Obst

Häberli Obst- und Beerenzentrum
AG
August-Ruf-Str.12 a
78224 Singen
E-Mail: info@haeberli-beeren.ch
www.haeberli-beeren.ch

Gartenmöbel, Pflanzgefäße und Accessoires

Garpa Garten- und
Parkeinrichtungen GmbH
Kienwiese 1
21039 Escheburg bei Hamburg
E-Mail: info@garpa.de
www.garpa.de

Pötschke Ambiente GmbH
Beuthener Str. 4
41564 Kaarst
E-Mail: ambiente@poetschke.com
www.poetschke-ambiente.de

Eschbach GmbH
Monte da Vinci
53819 Neunkirchen / Siegburg
E-Mail: info@eschbach-
accente.com
www.eschbach-accente.de

Country Garden Versand GmbH
Nagolderstraße 27
72119 Ammerbuch-Pfäffingen
www.country-garden.com

Die Gartengalerie
Monika Tittlbach
Wössinger Straße 15
75045 Walzbachtal-Wössingen
E-Mail: info@gartengalerie.de
www.gartengalerie.de

Weishäupl Möbelwerkstätten
GmbH
Neumühlweg 9
883071 Stephanskirchen
E-Mail: kontakt@weishaeupl.de
www.weishaeupl.de

Nützlinge

Katz Biotech AG
An der Birkenpfuhlheide 10
15837 Baruth
www.floranuetzlinge.de

W. Neudorff GmbH KG
Postfach 12 09
31857 Emmerthal
E-Mail: info@neudorff.de
www.neudorff.de

AMW Nützlinge GmbH
Ausserhalb 54
64319 Pfungstadt
www.amwnuetzlinge.de

Sautter & Stepper GmbH
Rosenstr. 19
72119 Ammerbuch
E-Mail: info@nuetzlinge.de
www.nuetzlinge.de

Andermatt Biocontrol AG
Stahlermatten 6
CH-6146 Großdietwil
E-Mail: sales@biocontrol.ch
www.biocontrol.ch

Register

A

Anzuchtgewächshaus 21
Armband 100, 101
Aufbewahrung 13
Ausrüstung 10, 11

B

Bambus 11
Bananen 10, 22
Beet, eigenes für Kinder 10, 11, 14
Bergenie 22
Bezugsquellen 124, 125
Bienen 27, 38, 122
Blechdosenwindspiel 88 ff.
Blumenampel 17
Blüten, kandierte 44, 45
Blütenpresse 72 ,73
Blütensträußchen 76
Boden
–, Bearbeitung 13
–, Pflanzenauswahl 22
–, Verdichten 14, 56
–, Vorbereitung 14, 16
Bohnen 56, 58

D

Dachwurz 52, 53
Digitalkamera 122
Düngen 17
Dünger 17

E

Elfenhaus 78, 79
Erbsen 56, 59
Erdbeertopf 40, 41
Erdnussherz 98, 99
Erntekranz 108, 109
Essbare Pflanzen 22

F

Flaschengarten 54, 55
Fleischfressende Pflanzen 60, 61
Fliegenfalle 60, 61
Forscherausrüstung 122

G

Gänseblümchenkette 76, 77
Gartencenter 17, 19, 21, 22, 22
Gärtnereien 21, 22
Gärtnern mit Kindern 11
Gemüsegesicht 24

Geräte einlagern 13
Gießen 17
Gießkanne 17, 58
Giftpflanzen 18, 22, 23
Glanzkäfer 122
Gräser 10
Gummistiefel 13

H

Halloween 102, 103
Halskette 100, 101
Handschuhe 13, 48
Hanging Baskets 17
Hinterhofsafari 122

I

Igel 27

J

Jutetasche 80 ff.

K

Kakteen 46 ff.
Kandierte Blüten 44, 45
Kapuzinerkresse 59
Kartoffeldruck 94, 95
Kartoffeltopf 36, 37
Keimsprossen 18
Kiefernzapfentiere 70, 71
Kies, Zier- 48
Kinder im Garten 11
Kleidung, schützende 13
Kompost 13, 17
Kranz, Herbst- 108, 109
–, Weihnachts- 110 ,111
Kräuter 30 ff.
–, Ernte 32, 33
–, Topf- 30, 31
Kresse 34
K(r)esse Eierköpfe 34, 35
Kübel 43
–, Pflanzen für 14
Küchenabfälle 16
Kürbiskernhalskette 100, 101
Kürbislaterne 102, 103

L

Lavendelsäckchen 84, 85
Lilienhähnchen 122
Marienkäfer 27, 122

Mist 14, 16, 56
Mulch 17

P

Papiertopfpresse 20
Pflanzen 21
–, für Kübel 14
–, aus Samen anziehen 18, 19, 20, 21
–, Auswahl 22, 23
–, essbare 22
–, exotische 10, 11
–, Giftpflanzen 22 ,23
–, Kauf 21, 43
–, überständige 21, 38
–, für Töpfe und Kübel 14, 27
Pflanzenbingo 116
Pflanzenlisten 24 ff.
–, Bunte Gemüse und Früchte 24
–, Dschungelgarten 26
–, Fühlen und Riechen 26
–, Salat-Garten 24
–, Schmetterlinge und andere Insekten 27
–, Schnell keimende Blumen und Gemüse 25
–, Töpfe und Kübel 27
Pikieren 20, 21

R

Rasen 11
Rasenschnitt 17
Reisigsterne 112 ,113
Ringelblumen 59
Rosenkäfer 122

S

Salat 59
Salatbeet 56, ff.
Samen 18, 19, 21, 25, 35
–, Keimung 18, 21
–, Sammeln und Aufbewahren 19
–, schnell keimende 25
Samenhalskette 100, 101
Samentütchen 92, 93
Sämlinge 20, 21
–, gießen 58
Säugetiere, kleine 27
Schädlingsbekämpfung 17
Schatzsuche 116
Schmetterlinge 27, 38, 122

Schmetterlingsampel 38, 39
Schnecken 17, 59, 122
Schnitzeljagd 116
Schürze 13
–, bedruckte 86, 87
Sicherheit 10, 11
Sommerblumen 42, 43
Sonnenschutz 11
Spiele 118, 119
Spielzeug 10, 11
Spinnen 122
Splitt, Zier- 48
Stecklinge 20, 21
Steingartenpflanzen 50, 51
Sukkulente 46 ff.
Sukkulententurm 52, 53
Süßmais 59

T

Tannenzapfen 71
Tiere, Kiefernzapfen- 70,71
Tiere, kleine 11, 27, 122, 123
Tomaten 58
Töpfe, bemalte 64, 65
–, Pflanzen für 14, 27
Unkraut 14

V

Veilchen, kandierte 44, 45
Venusfliegenfalle 60
Vögel 11, 25, 27, 96, 97
Vogelbad 74, 75
Vogelfutterkürbis 96, 97
Vogelhäuschen 66 ff.
Vogelscheuche 10,4 ff.
Vogelscheuche 25
Vogelscheuche 25

W

Wassermalen 120
Wässern 17
Wasserspiele 120, 121
Weihnachtskranz 110, 111
Werkzeug 11 ,12, 13
Wigwam 56, 57, 59, 59
Woll-Ziest 22

Z

Zierkies 48
Ziersplitt 48
Zucchini 59

Impressum

Die Originalausgabe erschien 2008 unter dem Titel
Gardening with Kids bei Ryland Peters & Small,
20–21 Jockey's Fields, London WC1R 2BW
Text, design and photographs copyright
© Ryland Peters & Small 2008

© 2008 Verlag Georg D.W. Callwey GmbH & Co. KG
Streitfeldstraße 35
81673 München
www.callwey.de
E-Mail: buch@callwey.de

Die Deutsche Nationalbibliothek verzeichnet diese
Publikation in der Deutschen Nationalbibliografie;
detaillierte bibliografische Daten sind im Internet über
<http://dnb.ddb.de> abrufbar.

ISBN 978-3-7667-1763-4

Aus dem Englischen übersetzt von Kristijan Matic
und Dr. Folko Kullmann
Lektorat und Herstellung: Kullmann & Partner GbR,
Stuttgart
Umschlaggestaltung: independent Medien-Design
Printed in China

Für die englische Originalausgabe:
Designer: Iona Hoyle
Commissioning editor: Annabel Morgan
Location researcher: Emily Westlake
Production: Paul Harding
Art director: Leslie Harrington
Publishing director: Alison Starling

Die Autoren

Catherine Woram schreibt für diverse englische Zeitschriften und hat bereits mehrere Bücher zum Thema Beschäftigung mit Kindern veröffentlicht. Sie lebt mit ihrem Ehemann und zwei Töchtern in London.

Martyn Cox ist gelernter Gärtner. Er war Gartenredakteur und ist derzeit freiberuflich tätig. In seinem kleinen Garten in East London gärtnern seine Kinder Louis und Lily begeistert mit.

Danksagung

Mein Dank gilt Polly Wreford für ihre wunderbaren Fotos und Ihr Auge fürs Detail. Außerdem möchte ich mich bei Iona Hoyle und Annabel Morgan für ihre Unterstützung bei der Herstellung des Buchs, beim Layout, Satz und Lektorat bedanken.

Auch bei allen Kindern, die bei diesem Buch mitgewirkt haben, möchte ich mich ganz herzlich bedanken, für ihre Geduld bei den Fotoproduktionen und ihren Enthusiasmus bei den einzelnen Projekten.

Catherine Woram

Danke Alis, Louis und Lily

Martyn Cox

Der Verlag Ryland Peters & Small bedankt sich bei allen Kindern, die in diesem Buch mitgewirkt haben: Ahana; Bella; Carmel; Charlotte; Ella; Ella; Ivo and Honor; Georgia; Giorgia; Harry und India; Grace; Gregory; Harriet; Havana and Hassia; Isaac; James und Ben; James; Jessica und Anna; Jordan; Joseph; Kaan; Katie; Kinquaid; Lily; Louis; Miles und Caspar; Millie und Arthur; Sam und Roddy; Saskia und Mia; Sebastian und Oliver und Tahiti.

Dank gilt auch allen, in deren Gärten wir fotografieren durften, ganz besonders Victoria Hutton und Patricia Woram.